马甫平 著

清風傳家·陳廷敬

中国北方文化巨族

山西出版传媒集团　山西经济出版社

图书在版编目（CIP）数据

清风传家：陈廷敬 / 马甫平著. -- 太原：山西经济出版社，2025.1. -- ISBN 978-7-5577-1337-9

Ⅰ. K827=49

中国国家版本馆CIP数据核字第20248EC213号

清风传家·陈廷敬

QINGFENG CHUANJIA · CHENTINGJING

著　　者：	马甫平
出 版 人：	张宝东
选题策划：	郭正卿
责任编辑：	岳子璇
助理编辑：	丰　艺
内文设计：	华胜文化
封面设计：	我在文化工作室+胡松年
出 版 者：	山西出版传媒集团·山西经济出版社
地　　址：	太原市建设南路21号
邮　　编：	030012
电　　话：	0351-4922133（市场部）
	0351-4922085（总编室）
E-mail：	scb@sxjjcb.com（市场部）
	zbs@sxjjcb.com（总编室）
经 销 者：	山西出版传媒集团·山西经济出版社
承 印 者：	山西出版传媒集团·山西人民印刷有限责任公司
开　　本：	880mm×1230mm　1/32
印　　张：	5.875
字　　数：	100千字
版　　次：	2025年1月　第1版
印　　次：	2025年1月　第1次印刷
书　　号：	ISBN 978-7-5577-1337-9
定　　价：	39.00元

序 言
XUYAN

皇城相府，位于山西省晋城市阳城县北留镇皇城村，城堡式建筑，由斗筑居城和中道庄城两部分组成。自1998年对外开放以来，皇城相府先后被评为"国家AAAAA级旅游景区""国家文化产业示范基地""全国文明单位"。

皇城村原名中道庄，创建于明宣德四年（1429），是陈氏家族的聚居之地。明清两代，陈氏家族科甲鼎盛，冠盖如林，有九人中进士，六人入翰林，作品流传至今的诗人有三十三位，被誉为"中国清代北方第一文化巨族"。

相府是大清相国陈廷敬的故居。陈廷敬

（1638—1712），字子端，号说岩，晚号午亭，卒谥文贞，是清代康熙年间卓越的政治家、理学家、文学家，是中国文化史上具有重大贡献的学者。陈廷敬一生为官清廉，文采优长，著述丰富。历任翰林院掌院学士、经筵讲官、都察院左都御史、吏户刑工四部尚书，累至正一品光禄大夫、文渊阁大学士。

陈廷敬始终奉行清、慎、勤的为官之道。所谓清，即清正廉洁；所谓慎，即谨慎敬业；所谓勤，即勤勉从政。陈廷敬身体力行，洁身率属，堪称封建社会的政治典范。陈廷敬作为康熙皇帝的股肱大臣，倍受康熙皇帝的信任和倚重。陈廷敬是康熙决策集团的重要成员，他用自己毕生的精力，为康熙皇帝开创盛世做出了巨大的贡献。康熙皇帝赞扬他"房姚比就韵，李杜并诗豪""文章宿老，辅弼良臣""恪慎清勤，始终一节"，对其一生给予了高度评价。

明太祖朱元璋废除了丞相制度，并立

下不许再设丞相的祖训。但国家政事繁重，皇帝一人应对不暇，不得不设立大学士参与机务，在明成祖永乐年间形成了内阁制度。内阁的大学士被称为宰臣、辅臣、宰辅，成了事实上的宰相。因为朱元璋废除的是丞相，所以只要不用"丞相"这个名称，就不违背祖训。清朝继承了明朝的制度，依然设立内阁大学士参与机务，大学士就是宰相。陈廷敬的相府，即中道庄城的大学士第，原本是陈氏的别墅，修建于明崇祯十五年（1642），后随着陈廷敬的官职升迁而更换牌匾，至康熙四十二年（1703）陈廷敬入阁之后更名为相府。

皇城和黄城的名称是逐渐演化而来的。因汉代丞相府的厅门涂为黄色，所以后代即称相府为黄阁。陈廷敬的相府，在当时即被人们称为黄阁，一直沿用至今，这大概是黄城一名的来源；中道庄前有御书楼，修建于清康熙五十年（1711）之后，红墙黄瓦，上面安放着康熙皇帝御笔亲书匾联，当时文人多有题咏，俗称为皇楼，这大概是皇城一名的来源。黄城抑或皇城，有清之时，大概只见于口头，民国之后方形诸文字，黄城与皇城两种写法并行。1998年10月24日，名相陈廷敬暨皇城古建学术研讨会在皇城村举行，会议期间，决定把皇城旅游景区命名为"皇城相府"。

一代名相陈廷敬和皇城陈氏家族的历史已经远去了，但陈廷敬清、慎、勤的为官之道和陈氏家族的家教家风仍然具有重要的现实意义和借鉴作用。游览皇城相府，不仅可以感受历史文化，扩展知识范围，而且可以提升人格境界。学史崇德，见贤思齐，陈廷敬修身自律、慎守无过的道德情操，正直无私、光明磊落的人格魅力，恪慎清勤、始终一节的政治作风，都值得今天的人们继承和弘扬。

目录

MULU

目录

第一章 | 先代遗踪
DIYIZHANG XIANDAIYIZONG

一 迁居建庄

皇城陈氏家族的先祖世居泽州永义都天户里（今山西省晋城市泽州县川底乡）的半坡沟南，拥有一定的房地产业。明朝洪武年间，由于朝廷的移民政策，陈氏的先祖陈仲名，留下了长子陈靠，带着另外的几个儿子离开故土，迁入了河南彰德府临漳县。彰德府的府治就是现在的河南省安阳市，临漳县原属河南省，今属河北省。

在陈氏的祖祠中，原先供奉着陈氏始祖陈靠的画像，是牧羊人的装束打扮，手里拿着放羊的鞭子。这位陈靠，不是一个普通的牧羊耕田的农夫，他已经开始有意识地让自己的后代读书，为他们确立了读书入仕的理想，试图敲开官场的大门。他家居泽州永义都天户里的半坡沟南，但他对这个地方不够满意，便四处寻找更好的居住环境，终于决定迁到阳城县郭峪里（民国六年，即1917年，实行编村制，郭峪里改为郭峪村）的东北定居。《陈氏家谱》记载，说这一块地方："山岭雄秀，泉水温凉，风气郁茂，实太行之中落。"自然环境好，适合人们居住。

陈靠选定了这个地方，但他没来得及迁居就去世了。陈靠娶妻樊氏，生有两个儿子，长子陈岩，次子陈林。陈岩和陈林把父亲安葬在沟南一个叫作"迪将"的地方，然后按照其生前安排，与他们寡居的母亲樊氏迁到郭峪里东北定居。这一年是明宣德四年，即公元1429年。陈岩和陈林成了陈氏家族的二世祖。他们在这里修房子，置田产，安居乐业，并给这个新建的小庄子取名为"中道庄"。其命名的含义，陈廷敬在他所写的《陈氏家谱》中说得很明白："中道庄者，上下皆村落，故以中道名。"

中道庄早期修建的院落有世德院、树德院。世德院位于东南方，为两进四合院。树德院位于东北隅，为三进并列四合院。庄内有水泉二，一北一南。北泉"泓然以清，冬温而夏寒"，南泉在后来修建的斗筑居门侧，名曰"温泉"，"清冽可食""可以汲以井养而不穷"，为食水之源。明天启年间，陈廷敬的伯父陈昌言因北泉而建起麒麟院，奉其母范氏于其内，又因北泉而构筑花园以娱其母。

二 初入官场

陈廷敬的直系先祖陈林娶妻郭氏，生有两子，长子为陈秀，次子为陈武。陈秀，字升之，是陈氏家族的第三世。虽然他小时候很聪明，家里让他读书，学习举业，希望他能考取功名，但是他不喜欢八股文，考场屡屡不利。然而，但他善诗文，且喜欢写散曲，有元代人的风格。他还擅长书法，行草书写得很好。为人风流倜傥，有气节。同族中的人想吞噬他的家业，他拼尽全力与人相争，终于保全了自己的家产。

陈秀因为没有考取功名，无法由正途进入官场。后来朝廷选拔人才，他得到地方的举荐，经过考核，被选为陕西省西乡县典史。一个县的最高行政长官是知县，其次是县丞，再次是主簿。典史不入流，没有品级，负责掌管文书收发。典史虽然官职不高，但也是经吏部选派的，是朝廷命官，在县里算是四把手，当时民间习惯上称之为"四老爷"。典史掌管文书，没有多少权力，但在知县、县丞和主簿空缺时，一般由典史来代理。西乡县附近有一个城固县，知县空缺，上级就让陈秀去代理城固知县。陈秀有了施政的机会，为百姓办了一些好事，受到当地百姓的爱戴。后来他辞官归家，当地的百姓为他立了生祠。陈秀做了九年典史，留下了很好的官声。

陈秀在陈氏家族史上是一个极其重要的人物。首先，他是陈氏家族第一个发迹的读书人，虽然他没有取得功名，但因为他读书，为陈氏家族后来获得九进士、六翰林开辟了道路。其次，陈秀是陈氏家族中第一个做官的人，虽然他只做了一个不入流的小官，但进入仕途，为陈氏家族后来出现高官显爵奠定了基础。再次，陈秀是陈氏家族中第一个写作诗文的人，虽然留下来的诗数量不多，艺术价值也不高，但他挤进了诗人的行列，为陈氏家族成为诗书世家、文化巨族留下了历史印记。总之，陈秀是陈氏家族实现读书入仕理想的第一人。他在任西乡县典史时，寄给儿子三首律诗、三首词曲，这些诗词内容，主要是教育儿子立德修身，所以后来成为陈氏家训的主要内容。

三　家书教子

陈秀有三子，长子叫陈珏（jué），次子叫陈珦（xiàng），三子叫陈珙（gǒng），是陈氏家族的第四世。陈秀任职的陕西省西乡县距离家乡路途遥远，使他常常想念儿子。"才忆儿时便起愁，愁儿不把放心收。"他所忧愁的是儿子不能收敛放纵之心，不能认真读书，更怕儿子不能树立远大志向，染上纨绔子弟的恶习，形成坏习惯。

他想让儿子到他的身边来读书，亲自教育儿子，但儿子不愿意来。"肯离家舍来官舍，料出歌楼入酒楼。"他知道儿子不肯离开家舍前来官舍，料想他们不是进出歌楼就是进出酒楼。于是他写家书告诫儿子："诗书勤讲读，财利少贪求。浊酒休酣饮，闲街莫浪游。"要儿子勤读诗书，不贪财利，遇美酒莫要开怀痛饮，到大街不要四处闲游。他还要求儿子珍惜时光："百岁光阴易掷梭，痴儿莫得等闲过。"告诉儿子人生短暂，不过百年，光阴消逝如同抛梭，痴儿莫要把时光等闲度过，尤其不可贪杯废读。他说："少衔曲蘗，多读书诗。""酒饮三杯须用止，书攻万卷未为多。"他还以自己的亲身体会现身说法，劝导儿子："我今欲著灯窗力，鬓点秋霜奈老何？"我现在要想灯前窗下用心努力，可惜两鬓添霜，年老衰迈，又能如何？要儿子一定努力读书。

陈秀教育儿子勤俭持家、和睦处世的方法。他说："起家绍业由勤俭，处事交人贵缓和。"继承祖宗的基业，要靠勤劳节俭，为人处世，结交朋友，贵在厚道平和。他要儿子"友于劣弟，孝事慈闱"，对兄弟要友爱，对母亲要孝敬；"好好将舍宇修葺，谨谨把门户支持"，房屋宇舍要勤加检修，家中事务要谨慎操持；"交几个胜己友相近相亲"，交友要交品德超过自己的朋友，和他们亲近看齐；"觅几文本分钱休悭休侈"，挣钱要挣本分干净的钱，不要吝啬也不奢侈；"说几句说直言无诡无随"，说话要说正直公道的话，不说谎也不阿谀逢迎；"亲戚邻里人情来往休教废"，和亲戚邻里要友好往来，不能废弃。总之，陈秀要求儿子"学谦和，拘廉耻，心正身修家更齐"，要学习谦和的态度，要遵循廉耻的准则，诚意正心，修身齐家，这样"便是佳儿"。

陈秀给儿子树立了"修职业"和"不贪财"两个典范要儿子学习。他说："修职业要如清献。""清献"指北宋名臣赵抃（1008—1084），字阅道，号知非子，衢州西安（今浙江省衢州市）人。历官天章阁待制、河北都转运使、右谏议大夫、参知政事。卒谥"清献"。赵抃在朝弹劾不避权势，时称"铁面御史"。又说："不贪财欲比元之。""元之"指北宋诗人、散文家王禹偁（954—1001），字元之，济州巨野（今山东省巨野县）人。历官右拾遗、左司谏、知制诰、翰林学士。

任知制诰时，禹偁奉旨起草《李继迁制》，李继迁送马五十匹为贿赂，禹偁坚拒不受，传为佳话。

陈秀为官清廉，他告诉儿子："清勤爷自守，孝友在儿为。"意思是说，清廉勤政我自会遵守，孝顺友爱却要儿子你去做。他说："爷事儿知，浊富非吾志，宁怀一念私！"意思是说，我的事情你应该知道，贪图钱财非我志向，岂能心存一念之私！他进一步告诫儿子："享浊富徇利亡身，怀私心违天害理。"享受不义之财，只会因为利益丧失性命；心存私欲杂念，只能违背天意伤害天理。他吩咐儿子："你想为人时，谨依；要成家时，努力！"意思是说，你要想做人，谨慎遵守道德规范；你要想成家，依靠自己不断努力。他说："纵有金书，不把吾儿遗。""若你指望爷钱，儿也，误了你！"意思是说，我即使有钱财，也不能留给儿子你。如果你指望老父的钱，儿呀，那可要耽误了你！

陈秀家书教子，为陈氏家族做了一个很好的榜样，为陈氏家族奠定了优良的家教家风，对陈氏家族的发展产生了深远的影响。

四　首中进士

陈秀的大儿子陈珏，字孟璧，和陈秀一样，做了不入流的河南滑县典史。陈珏的儿子陈天佑，号容山，是陈氏的第五世，明嘉靖十三年（1534）甲午科举人，明嘉靖二十三年（1544）甲辰科进士，做了户部主事，累官至陕西按察司副使，分守荆西道。按察司是一省内掌管刑法和监察的衙门，长官叫作提刑按察使，副使是其下属官。陈天佑是陈氏家族的第一位进士。

陈秀的第三子陈琪，字孟瑞，号南泉。虽然他少小读书，攻读举业，但在考场上得不到施展，所以他放弃科考，开始经营家业。陈琪（1490—1558），终年六十九岁。他有三子，长子叫陈侨，次子叫陈修，三子叫陈信。

陈修，字宗慎，号柏山，是陈氏家族的第五世。因所居面对西坪之柏山，所以取其为别号。他年少时有志于举业，但屡次参加考试都不顺利，便退而从事鼓铸业。鼓铸业是冶炼金属、铸造器皿的行业。陈修有心计，善于治理家业，并且轻财好施。乡亲有急难来求他，他总要出钱出粮相助，从不推托。乡亲欠了他的债，如果无力偿还，他就不要了，而且焚烧债券。他虽然废学，不再求取功名，但从未放弃让子孙读书做官的理想，所以他对儿子的教育很严格，常常要儿子们以自己的堂兄陈天佑为榜样，说："盍学汝伯父？汝父不足法也。"意思是说，为什么不学习你伯父呢？你父亲不值得效法。陈修（1518—1578），终年六十一岁。陈修有四子：长子陈三晋，本为州学生员，因朝廷逢庆典，有恩诏加额贡于太学，故为恩贡，当了怀仁县（属山西省）训导；次子陈三乐（yào）；三子陈三接；四子陈三益。

五 积善之家

陈修次子陈三乐（yào），字同伦，号育斋，为陈氏家族第六世。陈三乐的名字出自《论语·季氏》："益者三乐，……乐节礼乐，乐道人之善，乐多贤友，益也。"陈三乐秉性严毅，倜傥不群，容仪端庄，行于途中，回首观看者不绝。他为人温和慈善，与之接近，有蔼然可亲之感。善于料理家事，经营农田，一手筹划，使内外井井有条。家富有资财，乐善好施，在周济别人急难之时，从来没有吝啬之意。陈三乐（1552—1613），终年六十二岁。有子四：长子陈经济、次子陈经正、三子陈经训、四子陈经典；女一：嫁与明吏部尚书王国光之孙王于召。王国光是明代著名的政治家，是张居正进行改革的得力助手，是阳城明代官职最高的人。王氏家族是阳城白巷里的大户，方圆有名的官宦之家。陈三乐能和王国光的儿子攀亲，成为儿女亲家，可见当时陈氏家族的声望已非同一般。

陈三乐是远近闻名的大善人，每遇灾荒年，他自己节食减用，尽力接济饥民。家门前有一棵大槐树，他经常坐在树下，备茶饭招待过路的行人。这一棵大槐树，就像他家接待客人的客厅，人们遇到为难的事情，就到这里来找他。他会立即想方设法帮助解决，一定要让对方满意为止；即使偶然有困难，一时不便，他也要想尽办法，满足对方所求，不让对方不欢而去。

史书记载，有一年腊月，陈三乐偶感风寒，发冷发热，卧病在床。夜间，突然有一个人遇到急事，需要用钱，来向陈三乐告急。陈三乐正要起床给那人拿钱，他母亲阻止说："风太大，你正发烧，明早再给吧。"于是他又睡下了。但他在睡下之后，辗转反侧，不能入眠，就委婉地对母亲说："人家遇到急事来求我，必然心急如焚，度日如年。我没有帮他解决问题，也正在为此事焦心，难以入睡。这样双方都不安宁，是为两不安。不如早点帮他解决困难，双方就都安心了。"母亲听后觉得有理，同意了。于是他急忙起床，取出钱，赠予那位告急的人，笑着说："这样，我就可以安睡了。"陈三乐像这样救人急难的事情举不胜举。

陈三乐死后，老百姓都说："天不留公，吾侪如失慈父母！"意思是说：上天不给我们留下陈公，我们就好像失去了慈祥的父母。后来陈廷敬的父亲陈昌期专门写了一篇文章《槐云世荫记》，歌颂陈三乐乐善好施的美德，并且表示要把这种风尚继承下来，世代相传。

六　乡邻典范

陈三乐之子陈经济，字伯常，号泰宇，为陈氏家族的第七世。他幼时攻读举业，有壮志，但考场不利，终未能遂其心愿，于是代父综理家政。其父去世，他悲伤过度，身形瘦损，如骨骸支立。母卢氏在堂，早晚探视，必亲必诚。先人所遗资产，全部平均分给诸弟，无一点私心。孝友传家，成为乡里效法的榜样。乡人之间发生纠纷，他首先辨别是非，然后三言两语便可调解，无不心悦诚服。乡人做了错事，就怕受到陈经济批评，所以乡里流传着这样一句话："宁为刑罚所加，不为陈君所短。"意思是说，有了错处，宁愿接受官府的刑罚，也不愿意让陈经济批评。

陈经济也是一位乐善好施的人。清代文人笔记中载了这样一则故事：有一次，陈经济得了一笔银子，很高兴。他睡在农村旧式的土炕上，就把这笔银子放在土炕边的小洞里。有一个陈家远房后生，游手好闲，惯于偷窃，他发现陈经济把银子放在炕洞里，于是就时刻寻找机会下手。夜晚，陈经济已经睡下，他的夫人范氏去外面上厕所，虚掩着房门，并且吹灭了灯。这个后生乘

第一章

先代遗踪

机悄悄钻了进来，到陈经济的炕洞里掏银子。可是，陈经济并没有睡着，这后生一进门，陈经济就发现了，但他不动声色，等这后生在炕洞里掏出来银子，陈经济便一把抓住了他的手，点着灯一看，原来不是别人，是本族后生。他很生气，说："你怎么这么不争气，干这种丢人现眼的事呢？"然后，他放开手说："拿去吧，把这银子作为本钱，谋点正经营生，以后再不准干这种败坏门风的事了。"这个后生千恩万谢，拿着银子走了。回去之后，果然改邪归正，干起了正当营生。

陈经济（1576—1626），终年五十一岁。有子三：长子陈昌言、次子陈昌期、三子陈昌齐，是陈氏家族的第八世。陈昌期就是陈廷敬的父亲。

陈氏家族从始祖陈靠，二世陈林、三世陈秀、四世陈珙、五世陈修、六世陈三乐、七世陈经济，发展到八世陈昌言、陈昌期、陈昌齐弟兄三人，陈氏已经成为方圆百里的富户巨族，非常兴盛。

第二章 鼎革风云

一　筑楼自保

明朝末年，陕西的农民起义军二十多万人进入晋城地区，朝廷调集了大量官军围剿。初期的农民军，因为被生活所迫，逼上梁山，没有什么政治理想，组织性和纪律性也很差，所到之处打家劫舍，奸淫抢掠，甚为残酷，老百姓苦不堪言。

中道庄的陈氏家族，每听到农民军抢劫杀掠的事就胆战心惊，日夜焦虑。这时陈廷敬的祖父陈经济已于天启六年（1626）去世，祖母范氏尚健在。陈廷敬的父辈兄弟三人，老大陈昌言，是陈廷敬的伯父，生于明万历二十六年（1598），到崇祯五年（1632）是三十五岁。

老二陈昌期，是陈廷敬的父亲，生于明万历三十六年（1608），这时二十五岁。老三陈昌齐，是陈廷敬的叔父，生于万历四十三年（1615），这时十八岁。他们兄弟三人面临这种形势，急于谋取自保之法，于是决定要修一座坚固的堡楼，就在崇祯五年（1632）的正月开了工。

堡楼占地只有三间房大小，长三丈（1丈≈3.33米）四尺（1尺≈0.33米），宽二丈四尺，共七层，高十丈余。最下面一层深入地下，掘有水井，备有碾磨，并有暗道与外面相通。三层以上才设窗户，都有厚实坚硬的木板门，可以随时关闭。楼的顶端筑有女墙，由家丁把守。居高临下，是一座易守难攻的防御建筑。整个工程共用石料三千块、砖三十万块，耗资甚巨。工匠的饮食等事都靠陈廷敬的祖母范氏料理，工地的备料经营等事都靠陈昌期奔波，全家上下都在为此事忙碌。

崇祯五年（1632）七月，堡楼修到七层，砖工结束了，要开始立木上梁。按风俗，修房盖屋、立木上梁时都要选择吉日祭神，他们选择了七月十六日为立木之日。可是到七月十五日这一天，忽然听说农民军已经来到了附近。虽然这时楼尚未修成，仅有门窗，还没有棚板，没有盖顶，但事情紧急，只好赶快准备石头、弓箭，运了粮米、煤炭，躲进楼里，其他金银细软等都来不及收拾。附近的百姓也都跑来进楼躲避，当时楼中容纳大人小孩、男女老幼八百余人，全由陈家供给饭食。这天傍晚，他们紧闭楼门，严阵以待。次日即七月十六日，要在寅时即凌晨四点开始祭神立木。可是在仓促之间，竟无祭品，只能焚香拜祝，举行了立木仪式。到了辰时，即上午八点，农民军从东而来，一小会儿功夫，就来了万余人，都穿着红衣服，遍地赤色。

农民军来到郭峪里，大肆杀掠。同时来到中道庄，却对陈氏新修的这座堡楼毫无办法，便在下面点火焚烧房屋。陈昌言在楼上率领壮丁百余人坚守，当时天正下雨，楼上没有顶棚，大家都站立在雨中。陈昌期沿垛口到处巡视，陈昌齐管理着楼门的钥匙，防守严密。农民军虽然人多势众，但不敢近前，又不甘心离开，只好把这座堡楼团团围困起来。

七月十七日，农民军仍不退去。陈氏考虑，农民军这么围下去，时间长了，难免要出现意外，怎么办呢？陈昌言说："家离泽州七十里（1里=500米），若得以救兵来，楼方可保。"经过商量，决定让陈昌期乘夜间出去，到泽州求援。到了夜晚，农民军火把照山，上下如昼。午夜时分，陈昌期就攀着绳索下楼，准备到泽州求救。当陈昌期下楼之时，大概因为他没有抓紧绳索，突然就摔了下去。这时，陈昌言在楼上心胆俱裂，悔恨无及，哭着说："以十丈楼坠地，万无得生之理。"遍问楼中人，谁敢下楼相救。楼中人人畏惧，无人敢应。后来仆人李忠，自告奋勇，愿意下楼救人，陈家立即赏银五两。李忠攀援着绳索下楼，用竹篓将陈昌期吊了上来。陈昌期当时昏迷不醒，陈昌言抱头痛哭，又不敢惊动老母亲。他一方面指挥御敌，一方面照料二弟。到了次日，陈昌期渐渐苏醒，四肢竟安然无恙，只是脸上微有血痕。

农民军围攻四昼夜，以为楼中无水，难以相持。在此之前，沁水县大兴里的柳氏，也修了一座高楼，非常坚固。农民军来攻，攻不破，只好退去。后又听说楼中无水，去而复返，围守三日，楼中人饥渴无奈而被攻破。有了这个教训，陈昌期便知道农民军的心思，要长期围困，就命人打起楼中井水，从楼的四围泼下去。农民军见楼中有水，觉得久困无益，只好在七月二十日解围而去。

二　仙人题名

陈氏的这座堡楼一直修到十一月，才全部竣工，又安置了弓箭、枪、铳（一种火器，在长铁管里装上火药，发射弹丸）、火药、石头。在此期间，农民军曾连续四次围攻，皆没有攻破，周围村庄百姓在楼中躲避者前后达一万余人次。

楼成之后，陈昌言想为楼取名，想了好久，没有想出合适的名字。崇祯六年（1633）八月初一夜晚，陈昌言梦见与仙人在楼上相会，他就恳请仙人为其楼题名。这位仙人向周围环视一周之后，提笔写了"河山为囿"四个大字。陈昌言向仙人叩问，这个"囿"字是什么意思。仙人说："登斯楼而望河山，不宛宛一苑囿乎？"意思是说，登这座楼而四望周围的河山，不就好像是一座很大的园林吗？陈昌言醒来之后，觉得奇异，次日早起，登楼四望，看到周围的景象，果然不错，山环水绕，就是一个大园林，于是就把这座楼命名为"河山楼"。

陈昌言把夜梦仙人为河山楼题名的故事写在《河山楼记》中。陈廷敬《百鹤阡表》的记载略有出入，他说，兵乱过后，有个方士经过这里，说"此楼活千人，其名当与河山并永"，于是题额曰"河山为囿"。

三　斗筑可居

农民军的势力不断壮大，中道庄的陈氏家族更为担心。虽然河山楼坚不可摧，足以担当一面，楼内可容人千口之多，但粮食包裹不能多藏，牛马等牲畜也无处躲避，每每遭到杀掠。陈昌言对此事日夜忧虑，想找一个万全之策。于是他想，修一座堡楼已经很有成效，如果能修一座城堡，肯定会更加安全可靠。何况中道庄本来就不很大，所居住的又都是陈氏同宗之人，如果能共同修筑一个城堡自守，应该不是难事。于是他把族人集中起来，申说他的想法，晓以同舟共济的道理，希望共筑一城以图永固之利。但是陈氏族人各藏私心，大多是重金钱而轻性命，人多嘴杂，众说纷纭，无法达成共识。陈昌言无法相强，只好打算把自己这一家所居住的地方围起来修一座城堡。可是他的房产相邻的地基都是同宗族人的产业，族人又不肯相让，他只好恳请亲友帮助说合，破费很多钱财，再以自己的产业相兑换，这样才勉强将相邻的房产地基谈妥。

崇祯六年（1633）七月二十一日，陈氏开工修筑城堡，历时八个月，到次年即崇祯七年（1634）的二月才竣工。这座城堡周围大约有百丈，高二丈，垛口二百，开西北两门，门均用铁皮包裹，门上修有城楼。铁门之外，设有粗大的木栅栏。一切闲人往来，只能在栅栏之外，不得擅自入内。城堡东面的山最高，若敌人居高临下，就不利于垛夫防守。所以在东墙上，覆以橡瓦，使敌人的石头、弓箭不能从上空攻击，守卫的垛夫可以不受到威胁。藏兵洞满布于内城城东，呈蜂窝状，坐东朝西，共五层，总计一百一十五间，为陈氏屯驻家丁之处。第五层筑于东城墙之内，洞内各置炮眼一，既可向城外发射火器，又可窥视敌情。

这项工程共花费白银一千余两。城堡修成之后，陈氏又训练了守城的家丁，备了火器，贮积了粮食、煤炭，万事俱备，没有什么可担忧了。陈昌言把这座城堡取名叫作"斗筑居"。"斗"，是一种量器，十升为一斗。"筑"指居室。"斗筑"是指像斗那么大的一个小居室，如同说"斗室""斗城"。"斗筑可居"就是说这座小城堡虽然只有斗那么大，却可以安居乐业。陈昌言在城堡上题写了"斗筑可居"的匾额，并作《斗筑居铭》。

四 铁面御史

在农民起义军渡过黄河南下中原之后，晋城地区又恢复了暂时的平静。陈氏三兄弟的老大陈昌言，字禹前，号道庄，一号泉山。幼时非常聪明，与普通孩子大不一样，考中了秀才之后，进入州学读书，每次考试都名列前茅。崇祯三年（1630）秋天，陈昌言到太原参加乡试，考中了举人。崇祯四年（1631），农民军进入阳城，崇祯五年（1632），陈氏修建了河山楼，崇祯六年（1633）春，陈氏开始修建斗筑居城。在修建斗筑居城期间，陈昌言又赴北京参加了崇祯七年（1634）春天的会试和殿试。二月二十七日放榜，陈昌言高中进士，这时他三十七岁。陈氏家族的第五代陈天佑曾于嘉靖二十三年（1544）中进士，到第八代陈昌言中进士整整经过了九十年时间。陈昌言是陈氏家族第二个进士，授滦州乐亭县（今属河北省唐山市）知县。

陈昌言在任乐亭知县期间，努力做一个好官、清官。朝廷的吏部每三年要对官员组织一次考绩，审定职官的才德优劣，分为称职、平常、不称职三等。陈昌言在乐亭的政绩较好，所以经过考绩，被调到京城当京官。他离任之后，乐亭的百姓为他立了生祠。

陈昌言调入京城，到都察院担任监察御史，主要职责是对百官进行监督弹劾。都察院的监察御史分属于十三道，共一百多人，陈昌言是浙江道监察御史。虽然监察御史官位不高，仍然是正七品，但御史掌管风纪，纠察百官，职务很重要，受人重视。监察御史还经常被皇帝派出去各省巡视，称为巡按御史，俗称"八府巡按"，代天行事，既是皇帝的耳目，又代替皇帝视察，小事可独断，大事启奏朝廷。陈昌言曾经被皇帝派出巡按山东。在巡按山东的一年之中，他就向朝廷上了几十道奏疏，纠劾贪官污吏，处分不法官员，对权贵毫不畏惧，铁面无私，正直的名声达于朝野。

五　再兴土木

陈氏三兄弟的老二陈昌期，字大来，号鱼山。其兄昌言在外做官，昌期在籍治家，奉养老母范氏。崇祯十五年（1642），陈昌期在斗筑居城外，买了四十亩地（1亩≈666.67平方米），按陈昌言的计划，要在斗筑居城外修建一座别墅。别墅北面的土地用来种庄稼，南面可以修建止园、书堂，作为自己将来养老读书的地方。

陈昌期按照大哥的吩咐，立刻动工，在斗筑居前修建了别墅，这个别墅就是后来的大学士第，即陈廷敬的相府。当时没有修建止园、书堂，是因为陈昌言还不到辞官养老的年龄，更主要的原因是时局动荡。当时，大明朝廷已经风雨飘摇，日薄西山，濒于崩溃之际。农民起义军已成燎原之势，力量更加强大，威胁着明王朝的江山社稷。满洲铁骑虎视眈眈，曾多次入关蹂躏，势不可当。基于当时的形势，战乱随时可能发生，所以陈氏在修建别墅的同时，又把斗筑居城向西进行了扩展，修成了中道庄城。中道庄城仍然是非常坚固的防御性城堡式建筑，共有四门，中道庄门是正门，另外还有南门、北门和西偏门。陈昌言于这年也回到了家中，主持修建陈氏别墅和中道庄城的工程，并在城正门的石匾题写了"中道庄"三个大字，上款为"崇祯壬午孟春"，下款为"道庄主人建"。崇祯壬午是明崇祯十五年（1642），道庄主人是陈昌言的号。

六　甲申巨变

明崇祯十七年（1644）正月，农民起义军领袖李自成在西安建国称帝，国号大顺，改元永昌。二月，大顺军的将领刘芳亮率部数万进攻山西泽州，在泽州一带建立了大顺朝的地方政权。三月，李自成统领大顺军渡黄河进入山西，三月十七日进围北京，三月十九日攻克北京，明朝崇祯皇帝朱由检自缢身亡，标志着明朝的覆亡。明朝覆亡之后，明朝在京的两三千名官员只有二十余人自尽殉国，大批文官武将都以投靠大顺政权为唯一出路。当时陈昌言在都察院任浙江道监察御史，和其他官员一样，投靠了大顺政权。

大顺军在北京首尾不过四十二天，清军于五月一日进入北京。就在李自成退出北京之时，明朝的大批官员也乘此机会逃出京城，陈昌言也在此时逃回阳城县中道庄。陈昌言面临着大顺朝败走、清军入侵的局面，究竟该怎么办？出路在哪里？此时，清廷却对前明的官员大加笼络，只要是在明朝做过官的，都按原官起用。清廷的这一项政策给中道庄的陈昌言带来了曙光，他觉得这是一条阳关大道。果然，陈昌言投降了清朝之后，立即官复原职，仍然是监察御史。

清顺治二年（1645），清朝的军队攻克了南京，史可法英勇殉国，弘光朝廷土崩瓦解。清廷设置江南省，辖今江苏、安徽及江北等地，陈昌言就被任命为提督江南学政。学政是主持一个地区教育的官员，由皇帝亲自任命，称作钦点学政。江南在全国来说是一个大省，地位非常重要，陈昌言被任命为江南省学政，可见陈昌言投清之后，很受清廷的重用。陈昌言在任期间，杜绝行贿请托之风，爱士知人，文风丕振，颇为人所称颂。

七　反清怒火

顺治五年（1648），清朝内部出现明朝降将大反正的局面，形成了全国性的抗清高潮。姜瓖原是明朝挂镇朔将军印大同总兵官。崇祯十七年（1644）三月，大顺军攻克太原后，他投降了大顺朝。同年五月，归附了清朝。这以后的三年里，清廷对陕南、四川用兵，曾多次征发山西的人力、物力，加重了官民的负担。顺治五年十一月，姜瓖对清朝统治者崇满歧汉政策早已心怀不满，大同地区的清朝官员又奉命征集粮草，急如星火，百姓怨声载道。于是，姜瓖在十二月初三，突然关闭城门，下令割辫子、易冠服，自称大将军，公开揭起了反清复明的旗帜。姜瓖等人领导的晋、陕反清运动以恢复明朝为宗旨，是北方复明势力同清朝的一次大规模较量，是当时遍及全国的复明运动的一个重要组成部分。

大同举义后，山西各地闻风响应，上自文武高官，下至普通百姓，都自愿奋起反抗，纷纷组织义军，以割辫子、易冠服为标志，以"反清复明"相号召，在很短的时间里，便成燎原之势，山、陕二省为之摇动。清廷在山西能够控制的只有太原和晋南平阳（今临汾市）几座孤城。

阳城人张斗光本来在麻楼山聚众抗清，姜瓖反正后，张斗光即率军攻打泽州。潞安（今长治市）义军统帅胡国鼎命陈杜、乔炳、许守信前来支援，声势十分浩大。张斗光攻下泽州城，在泽州各县设置官吏，建立政权，深受百姓拥护，青壮年纷纷参加他的抗清队伍。张斗光看到在这次抗清斗争中，山西好多前明官员和地方绅士都纷纷起兵抗清，也想得到地方绅士的支持。由于中道庄的陈昌期是当时晋城一带最有名望的乡绅，便决定请陈昌期共谋抗清大事。于是张斗光写了一封措辞恳切的书信，派人带着厚礼去见陈昌期。张斗光的使者来到陈家，送上金帛作为礼品，说明来意。陈昌期撕碎了张斗光的书信，拒收礼物，怒骂曰："贼奴死在旦夕耳，敢胁我耶！"张斗光的使者无奈，只好回泽州复命。

八　坚守孤城

张斗光得知陈昌期不愿合作，而且出言不逊，十分愤怒，便率军数千人于薄暮时分来到中道庄，将城堡团团围住，云梯、大炮、火器诸物，无不具备。

陈昌期立即集中家丁，指挥家丁迅速收拾武器，准备守城，并且和他们说："受恩本朝，为臣子，誓不陷身于贼。贼反复倡乱，此特贷命漏刻耳！吾已度外置妻子，若汝曹不协力坚守，一旦为贼所污，异时王师至，无噍类矣。"意思是说，我受恩于大清朝，成了大清的臣子，发誓决不以身事贼。此贼反复发动叛乱，只不过是朝廷暂时宽免他的性命罢了。我已将妻子儿女置之度外，如果你们不用全力坚守，一旦城破被反贼所利用，将来朝廷的大军到了，就没有活路了。

陈昌期的妻子张氏哭着告陈昌期说："吾必不辱君，堡破请先死，君其勉之！"意思是说：我肯定不让你受到侮辱，城堡如果万一被攻破，请让我先死，你一定要努力啊！当时张氏刚生第三女，犹在产褥中，她说："此非安寝之时！"于是立刻起床准备粮食饭菜，

第二章 鼎革风云

025

辅佐陈昌期守城，终夜未尝解衣休息。

陈廷敬这时已经十二岁，随父陈昌期登城瞭望。张斗光先礼后兵，又写一封书信，言辞更为诚恳，晓以抗清复明之大义，以箭系书，射于城上。陈昌期接到张斗光射上来的书信，目不正视，撕成碎片，说："以身死忠，永无二念！"

张斗光看到中道庄城堡坚固，预料难以攻下，便向陈昌期索取金银财帛，以充军饷。陈昌期说："为大清守一块土，金帛以劳守者，何贿贼为？"意思是说，我要为大清朝守卫这一块土地，金银财帛是用来慰劳守卫兵士的，为什么要给你这反贼啊？

张斗光见陈昌期态度坚决，再无回旋的余地，便下令攻城，攻势异常猛烈。陈昌期以重金赏赐守城壮丁，顽强抵抗，炮火矢石齐发。张斗光攻城数日，城即将破。陈昌期见情势危急，异常恐慌，左思右想，无计可施。正在此万分危急之时，张斗光军忽然放开一角而去，然后全军尽皆撤去。

原来清军攻破大同、朔州之后，逐渐平定了晋北，又率领大军南下。十月初四，清军用红衣大炮攻破太谷县（今太谷区）城；初十占领沁州城，接着又攻克潞安（今长治市）。驻守泽州的陈杜得到消息，急忙派人告知张斗光。张斗光闻讯，急率军回救泽州。十一月，清军击败反清义师，张斗光等被擒杀。就这样，山西大规模的反清运动被镇压了。

九　激流知止

陈昌言在做官期间，俸禄收入全部交给了二弟陈昌期。俗话说，长兄如父，陈昌期也像尊重父亲一样尊重他。陈昌言早已产生了退隐的思想，在明崇祯十五年（1642）的时候，陈家修建了别墅和中道庄城，本来陈昌言还有修建止园、书堂的计划，但由于时局动荡，未能实现。

陈昌期深深理解兄长的心思，决心要为兄长修建养老之所。因此在山西的反清运动被镇压之后，陈昌期看到天下太平了，就在中道庄城的南面，开工修建止园、书堂。清顺治十年（1653）夏，陈昌言已经五十六岁了，他的老母范氏康健在堂，他就向皇帝要求回家探望老母，请假一年。回到家中之时，正是止园落成之日。

止园中有很多景观，如：影翠廊、借景楼、绿玉屏风、石楠坞、二乡深处、莲塘、浣花第二泉、韭畦等。这里的"二乡深处"是什么意思，单从字面上看，不容易理解。清代郭峪里有一位诗人叫窦家善，字积之，他有一首诗对"二乡深处"做了解释：

伏枕无俗萦，衔杯有真趣。

不图身后名，但愿此中住。

从这一首诗中的"伏枕无俗萦，衔杯有真趣"二句，可知二乡深处所谓的"二乡"是梦乡和醉乡。诗人认为，伏枕进入梦乡，无俗念萦绕，衔杯进入醉乡，有天真意趣。

止园的景致，令陈昌言欣赏和陶醉。因此他决定离开官场，就此隐居终老，在止园中诗酒自娱，尽享山林泉石之乐。陈昌言把这个园林命名为止园，也就是要"知止"。所谓"知止"，就是要急流勇退。"知止"语出《老子》："知止不殆，可以长久。"意思是说，凡事要知道适可而止，便不会遇到危险，这样才能长久地存在下去。到顺治十一年（1654），陈昌言探亲的假期满了，但他身体不适，又续了假。顺治十二年（1655）十月，陈昌言病故，终年五十八岁。

十　踵事增华

陈昌言为官清正，为百姓做了不少好事。奉母至孝，与弟昌期极友爱。他文采优长，工诗善文，与翰林学士白胤谦等唱和，为士林所敬重。他一生作品很多，著有《东溪草》《燕邸草》《道中草》《东巡草》《南校草》《山居草》《斗筑居集》。清康熙二年（1663）入祀乡贤。

陈昌言十分注重家族历史文化的搜集整理，是他首先将先祖陈秀的教子诗词整理印刷，题为《述先草》，作为陈氏家族的家训，希望以此"佑启我后人"。他说："肇造余家，实权舆诸此。""肇造"是"创造"的意思，"权舆"是"起始"的意思。这句话意思是说：创造我们这一个诗书世宦之家，就是从三世祖陈秀确立家训开始的。他又说："每捧读之，奚啻义方训，尤为子若孙守身家之良谟也。"意思是说，每当我捧读先祖这些诗词的时候，感觉这何止是行事的规范和道理，更应该是子孙安身立命的良谋啊！陈昌言特别强调了先祖陈秀这些教子诗词是子孙守身家的"良谟"，对后人有启迪佑护的作用，要求后人"尚念毋忘"，代代相传。

陈昌言思陈氏自明宣德四年（1429）从泽州天户里移往中道庄，共两百余年，先辈创业不易，特地写了《斗筑居铭》，共百有三十一字，以垂训后人。他教导子孙"修齐敦睦，追本溯源，和气致祥，家室绵延，世守而勿替"。他说，这些话"虽简朴不文，实保家至理"，应当"深思远虑，触目惊心"。陈昌言还主持创修了陈氏宗祠，奉祀陈氏先祖。陈昌言在陈氏家族发展史上，是一个承前启后、踵事增华的关键人物，对陈氏家族的发展起到了极其重要的推动作用。

陈氏到陈昌言时已经出现了两位进士，随后又出现了陈元、陈廷敬两位少年才俊，陈氏家族于是在斗筑居城正门前修建了陈氏功名牌坊。其阳面依次书写陈廷敬以上陈氏先辈官阶，由上而下曰"陕西汉中府西乡县尉陈秀""直隶大名府滑县尉赠户部主事陈珏""中顺大夫陕西按察副使陈天佑""河南开封府荥泽县教谕陈三晋""赠儒林郎浙江道监察御史陈经济""儒林郎浙江道监察御史陈昌言"；阴面依次书写陈廷敬以上陈氏先世功名，"嘉靖甲辰科进士陈天佑""万历恩选贡士陈三晋""崇祯甲戌科进士陈昌言""顺治辛卯科经魁陈元""顺治甲午科恩选贡士陈昌期""顺治丁酉科举人陈敬"。陈敬就是陈廷敬，"廷"字为后来顺治皇帝所赠。

一 石壁飞鱼

在中道庄东山下有一个著名的景观叫作飞鱼阁，陈廷敬曾写过一首吟咏飞鱼阁的诗曰：

石鱼出山时，山云宿旧处。

高阁风雨多，鱼飞自来去。

这首诗说的是一个石壁飞鱼的故事。故事说，在明崇祯三年（1630）的春天，有一个道士，将头发束成髻，戴着有铜饰的道冠，穿戴整齐，来到中道庄，坐在山下的一个茅屋里，几天不吃不喝，庄上的人都争着去看。陈昌言的弟弟，也就是陈廷敬的父亲陈昌期，听到这件事后，就去给这个道人送了饭菜，询问他到这里来的缘故，道人没有正面回答。只是告诉他说，中道庄东边这座山是一座鱼山，山中藏有石鱼，麟角都已经生成了，现在这条鱼就要飞腾而出，这说明此地就要出贵人了。

这个故事不仅是在民间口耳相传，而且见于文献记载。清同治版《阳城县志》记载："陈侍御昌言记云：'崇祯庚午春，有道人铜冠束发，来坐山庵，数日不食，人争往视之。予弟大来饭之，询以故，亦不语。但云此山乃鱼山也，麟角已就，势欲飞腾，当即出贵人矣。'"

陈昌言的记载把故事发生的时间、地点、情节都记载得很清楚。"大来"是陈昌期的字。当然，道士所讲的内容是不经之谈，但它对于陈氏家族来说是一个非常吉利的兆头。陈氏要实现读书做官的理想，这个道人说此地要出贵人，正好迎合了陈氏家族的意愿。所以陈昌期就把东山改名为鱼山，并在山石上建了飞鱼阁，在石壁上刻了飞鱼的形状，并且取鱼山为自己的别号。

到了清乾隆年间，人们所讲述的石壁飞鱼故事的内容和陈昌言的记载就大不相同了，于是就出了石壁飞鱼的第二个版本："陈翁昌期，相国文贞公父也，居阳城郭峪村。有游方羽客至，周览峪口曰：'异哉此山！有石鱼二，宜创亭镇之，勿令飞去，子孙必大贵。'言讫而别，翁未信。一日，大雷雨，烟雾闪烁中见有振鳞而飞者，不知石为鱼而鱼为石也。惊愕间，道士适至，曰：'不听吾言，已失其一。若再飞焉，山灵尽矣。'遂不见。翁因就雷雨处镇以阁，颜曰'飞鱼'，以祀孔子。后生文贞公，果大拜。今人名其山曰鱼山，且传道士临去时，石上多书'口'字云。"

这是清乾隆年间文学家徐昆在《柳崖外编》中的记载。徐昆，字后山，号柳崖居士，乾隆四十一年（1776）任阳城县教谕，是管理一县教育的官员。他写了一本《柳崖外编》，曾与蒲松龄的《聊斋志异》并称，他在这本书里记载了石壁飞鱼的故事。徐昆在阳城做官的时间距明崇祯三年（1630）已过了一百四十六年，距陈廷敬逝世（1712）也已经六十四年，所以石壁飞鱼的故事经过了民间的加工和润色，到徐昆的笔下，就变得更加富于传奇性，更加富于文学色彩了。这里说石鱼是两条，和陈昌言的记载明显不同，是后人加工附会的。这里说道士临去时，石上多书"口"字，言外之意是说这个道士就是吕洞宾的化身，因为吕字是两个口字组成的。

此处说陈昌期在飞鱼阁中祀奉孔子，是陈氏家族文化形成的标志，说明陈氏已经确立了以孔孟的儒学思想为立身处世的根本，逐渐形成了尊儒重道的家教家风。

二 神人授珠

崇祯十一年（1638）十一月二十七日，陈氏家族第八世陈昌期的儿子陈敬出生。《午亭山人年谱》记载了一个故事：有一天夜里，陈昌期的妻子张氏梦见有神仙来，授给她一个玉匣珠囊，就是一个镶嵌着玉石的木匣子，里面放有一个锦囊，锦囊内装着一个价值连城的宝珠。张氏接到这个玉匣，便随手放入怀中，她就这样怀了胎，生了儿子，取名陈敬，就是后来的陈廷敬。

陈廷敬生下之后，母亲张氏缺奶，只好请乳母给他喂奶。但陈廷敬生性怯懦，特别好哭，出生三四十天就能认识生熟人，找了十多个乳母来给他喂奶，陈廷敬都不要，一见到就大哭不止。郭峪里有一个妇人赵氏，二十三岁。陈廷敬愿意吃她的奶，只要赵氏一来，他就立刻不哭了。赵氏在陈家一住就是五年。

陈廷敬的曾祖父陈三乐的四弟叫陈三益，是陈廷敬的曾叔祖。陈氏本来是耕读之家，陈三益却要去经商。虽然常年奔波在外，但他经营无方，生意不好，晚景凄凉，结果死在卫辉的一个小旅店里。陈三益娶妾郭氏，是河北长芦（今河北省沧县）人，陈三益死时，她才十九岁，一直寡居守节，靠自己纺线织布维持生计。陈廷敬出生这一年，她已经四十二岁，守寡二十三年。陈廷敬特别好哭，但只要郭氏一进门，陈廷敬就立即不哭了。可是这郭氏家穷，白天要干活，到傍晚才能来看陈廷敬。陈廷敬只要到日暮，就呱呱大哭，要寻郭氏。这样郭氏每天日暮就来陪陈廷敬，一直陪到两三岁。陈廷敬少时多病，郭氏经常照顾他，所以陈廷敬和郭氏的感情非常好。郭氏的辈分高，和陈廷敬曾祖父是一辈，但因为她是妾，在家族中没有地位，所以陈廷敬少时并不知道她是自己曾叔祖的孺人，只是当乳母看，叫作"长芦祖母"。后来陈廷敬做了官，康熙元年（1662）探家时，郭氏已经病逝，陈廷敬把她与陈三益合葬，并且为她写了墓碑，记载了她的事迹。

三　吟诗言志

陈廷敬自幼聪颖，母亲张氏又饱读诗书，便亲自教陈廷敬读《四书》《诗经》诸书，成了陈廷敬的第一个启蒙教师。陈廷敬七岁时已于书无所不读，过目不忘。不论是讲解经书，还是写诗作文，样样出手不凡。家里专门为他请了塾师，塾师看了他的情况，很惊讶，说："子天下才也，吾不足师。"自认为水平低，不能充当陈廷敬的老师，只好辞馆而去。

陈廷敬九岁时，赋《咏牡丹》绝句云：

牡丹后春开，梅花先春坼。

要使物皆春，定须春恨释。

意思是说：牡丹花是春天来到之后才盛开，梅花是在春天未到来之前就开放。要使天下的万物都能够享受美好的春色，一定要让得不到春光的怨恨从此消失。母亲张氏看了他的诗后惊异地说："此子欲使万物皆其所耶！"有见识的人看到陈廷敬小小年纪，心胸博大，志向高远，知道他日后必然为名宰辅。

四　许为人师

陈廷敬十四岁时到潞州去应童子试，学使是山东莱芜的张四教。张四教看见陈廷敬年龄小，个子矮，很可爱，就把他留在自己坐的书案边，让他在堂上考试，考试的题目是写两篇文章。陈廷敬很快就写成了，张四教看后，又给他出了三道题目，让他再写三篇文章。并且说："能尽为之，吾且置子第一。"到了中午，陈廷敬的五篇文章皆已写就。张四教大喜，叹奇才，置第一。然后说："子文虽老宿不及，可遂应省试。"意思是说：你写的文章，即使是老秀才也达不到这种程度，可以去参加乡试。

陈廷敬去参加乡试的时候，有一位监考御史名叫刘达，看到陈廷敬年龄小，文章写得不凡，就在陈廷敬交卷的时候，刘达叫他坐下，出题考他对于经书的理解。陈廷敬章分句达，有条不紊，侃侃而谈。刘达大惊，曰："子，他日人师也。科第何足尽子！"意思说：你将来一定是人师啊，中举人、中进士不足以发挥你的才华。刘达说对了，陈廷敬是人师。但是刘达并没有想到，陈廷敬不仅是人师，而且是一代帝王师。陈廷敬出场的时候，由于试院的门槛高，陈廷敬年龄小，跨越门槛很费劲。刘达就命人把他抱出门槛，三场考试都是这样。

第二年，张四教又来泽州考校秀才，又把陈廷敬留在堂上考试，陈廷敬的文章还没有写完，张四教就拿过来看，看后说："子文益奇进。"顺治十四年（1657），陈廷敬参加乡试，考官是会稽唐赓尧，唐赓尧得陈廷敬之文，叹曰："此正学也。"所谓正学，就是符合儒家正统思想的文章。

五　桂宫联捷

陈廷敬的伯父陈昌言之子陈元比陈廷敬大六岁。陈元少时，受业于叔父陈昌期。陈昌期教以立品为先，次及举业。陈元聪颖异常，读书用功，他"博览古人传记，奇诡之文，目不再涉而谈论娓娓；下笔如风起泉涌，千万言顷刻立就"。后来陈廷敬就向陈元学习，二人既是兄弟，又如师生，教学相长，进步很快。陈廷敬以文章名海内，多得益于陈元的教导。陈廷敬于清顺治十四年（1657）考中举人，次年即顺治十五年（1658），到京城参加会试，又经过皇帝亲自主持的殿试，考取进士，入选翰林院庶吉士，成为陈氏家族的第三位进士、第一位翰林。

陈元是陈廷敬的兄长，早在顺治八年（1651），陈元二十岁时，就考中了举人。因为他的父亲陈昌言于清顺治十二年（1655）十月逝世，陈元作为儿子要遵制守孝，所以陈元未能和陈廷敬一起参加会试。顺治十六年（1659）秋天，朝廷开恩科。本来会试是在春天举行的，因为是额外增加的考试，所以安排在秋天举行。陈元赴京赶考，终于如愿以偿，并经殿试考取了进士，选为翰林院清书庶吉士，成为陈氏家族的第四位进士、第二位翰林。古代神话传说月宫里有蟾蜍和丹桂，后来遂以攀登蟾宫、折取月桂比喻科举应试及第。顺治十五年（1658）和顺治十六年（1659），陈廷敬和陈元相继考中进士，所以叫作桂宫联捷。陈元刚考中翰林一个月后，因祖母范氏病卒，回乡守孝，三年后竟然患病去世了，年仅三十一岁。

六　帝赐嘉名

陈廷敬在翰林院的庶常馆学习，学业非常好，顺治皇帝又经常去庶常馆视察，并且亲自出题考校翰林，陈廷敬因为考试成绩特出常常受到表扬。在此之前，陈廷敬的名字是叫陈敬。但同榜进士中另有一位陈敬，是通州人。与陈廷敬同名同姓，也被选入了翰林院，和陈廷敬同在庶常馆学习。为了区别，就把陈廷敬称作泽州陈敬，把另一位陈敬称作通州陈敬。此时，通州陈敬满文成绩每每不合格，受到顺治皇帝的处罚。顺治十五年（1658）十二月，顺治皇帝明发上谕，通州陈敬等人被罚俸一年。陈廷敬因与通州陈敬同名，容易引起混淆，所以他特向皇帝上奏，请求改名。顺治十六年（1659）正月十三，顺治皇帝特地将陈廷敬的名字中加了一个廷字，以与通州的陈敬相区别。顺治十八年（1661）正月初九，陈廷敬参加了康熙皇帝的登基大典。三月，充会试同考官。五月散馆，授翰林院检讨。

一 崭露头角

陈廷敬考中进士，被选入翰林院。当时京官中有一位文学家龚鼎孳，字孝升，号芝麓，安徽合肥人，累官至礼部尚书，工诗词古文，与大文学家钱谦益、吴伟业并称为"江左三大家"。龚鼎孳风雅好友，所以京城中的文人学士多集其门，作诗文之会。

在这些文人学士中有两个人最著名：一个是汪琬、一个是王士祯。汪琬，字苕文，号钝庵，江苏长洲（今属江苏省苏州市）人，顺治十二年（1655）进士，比陈廷敬大十四岁，先后任户部主事、刑部郎中。王士祯，字贻上，号阮亭，山东新城人，与陈廷敬是同榜进士，比陈廷敬大四岁。陈廷敬在殿试时被皇帝选中翰林，而王士禛落选，分配到扬州做推官，后又调回京城，在礼部当主事。

汪琬和王士禛都比陈廷敬的年龄大，进入文坛比较早，已经有一定的名气。汪琬以文著名，王士禛以诗著名。特别是汪琬，行辈较先，文名早著，俨然是古文领袖。他喜欢挑别人文章中的毛病，对别人的文章很少许可。陈廷敬二十多岁，是这些人中最年轻的一位。

龚鼎孳举行诗会，汪琬初看到陈廷敬的诗，大吃一惊，没想到一个年青后生，诗写得如此清丽工整，当时就和王士禛说："此公异人也。"王士禛虽然与陈廷敬是同榜进士，但他年长，又有诗名，原来并不是真正看得起陈廷敬，听了汪琬的称赞，读了陈廷敬的诗，不得不佩服，不得不赞叹。当汪琬看了陈廷敬的古文，出手不凡，啧啧称赞，就又和大家说："我固以为异人也。"

二 皇帝崇奖

康熙初年，陈廷敬在翰林院编修书籍，由于他精通经史、文采优长，所以在仕途上逐渐步入佳境。康熙八年（1669），陈廷敬升任国子监司业。国子监是朝廷的最高学府，司业为国子监的副长官。康熙十年（1671），他升为侍讲学士，后转侍读学士。康熙十一年（1672），充日讲起居注官。日讲起居注官的职责是为皇帝讲解儒经，记录皇帝的日常活动。这时，他就能够经常接近皇帝，成为皇帝身边的近臣。康熙十四年（1675），陈廷敬升詹事府詹事。詹事府詹事，正三品，是詹事府的最高长官，主要职责是掌管皇后、太子的家事。康熙十五年（1676），陈廷敬升内阁学士兼礼部侍郎，充经筵讲官。礼部侍郎是礼部的副长官。经筵是为帝王讲论经史而特设的御前讲席。经筵讲官是兼职，职责是为皇帝讲解儒经。康熙十六年（1677），陈廷敬转翰林院掌院学士。翰林院掌院学士是翰林院的最高长官。翰林院是朝廷的文人荟萃之地，掌院学士是文人学士的领袖，没有很高的学问和威望则不能担当此职。

康熙十七年（1678）正月，康熙皇帝问陈廷敬，在朝廷官员中谁写的诗最好？陈廷敬就推荐了王士祯。正月二十二，康熙皇帝传旨，命陈廷敬领着王士祯到懋勤殿进见，各自带着近期的诗作进呈皇帝御览。二人进见之后，康熙皇帝开始翻看他们进呈的诗作。当皇帝看到陈廷敬的《赐石榴子恭纪》诗的时候，不禁念出声来。这首诗是这样写的：

仙禁云深簇仗低，午朝帘下报班齐。

侍臣鲞列名王右，使者曾过大夏西。

安石种栽红豆蔻，火珠光迸赤玻璃。

风霜历后含苞实，只有丹心老不迷。

这是陈廷敬在五年前写的一首诗。当时外藩的郡王到北京来进贡，谒见皇帝，康熙皇帝设宴招待。陈廷敬当时是起居注官，要在场陪侍皇帝，康熙皇帝就把宴席上的石榴子赐给了陈廷敬，陈廷敬就写下了这一首诗。康熙皇帝朗诵这首诗至最后两句"风霜历后含苞实，只有丹心老不迷"时，反复诵读多次，"玉音琅然"，清脆有声，然后对陈廷敬的诗大加称赞。

三 御前赋诗

天色晚了，康熙皇帝要用晚膳，命陈廷敬领着王士祯到南书房，皇帝在南书房赐膳。等陈廷敬和王士祯用过膳之后，康熙皇帝命内侍送来两道诗题，一题是：七律，召见懋勤殿；一题是：七绝，赐膳。让陈廷敬和王士祯二人分别赋两首诗，实际是要对王士祯考试，让陈廷敬陪考。因为在康熙皇帝的心目中，陈廷敬的诗写得最好，他出了同样的题，看王士祯的诗写得比陈廷敬究竟怎样，并且命南书房大臣张英监考。

　　陈廷敬才思敏捷，很快写好了两首诗。而王士禛本来诗思就迟慢，又是一个部曹小官，初次见到皇帝，非常紧张，半天竟写不出一个字来。监考官张英看见王士禛难以成稿，暗自为他着急，就自己代写了两首，撮成一个小纸团，悄悄放在王士禛的案头，王士禛看了才得以完卷。一会儿卷纸交上来了，康熙皇帝看了王士禛的诗之后，笑着对张英说："人言王某之诗丰神妙悟，何以整洁殊似卿笔？"意思是说，听说王士禛的诗写得丰润有神，构思精妙，为什么这诗整齐洁净，看来特别像是你的手笔啊？张英连忙说："王某诗人之笔，定当胜臣许多。"才搪塞过去。

　　王士禛一个部属小臣，能够得见天颜，是很荣幸的事，他高兴地把呈给康熙皇帝看过的诗出了一个集子，命名曰《御览集》。因为陈廷敬的极力推荐，康熙皇帝授予王士禛翰林学士。翰林本来是通过殿试才能获得，但康熙皇帝破格任命了王士禛。王士禛也因此被提升为侍讲学士、侍读学士，进而成为南书房大臣，后来官至刑部尚书。他能够步入高位，进入九卿之列，全凭陈廷敬的鼎力举荐。

四 举荐贤才

汪琬论文要求明于辞义、合乎经旨，提倡唐宋古文，其文简洁严谨，善于叙事，堪称一代文宗。他在顺治十二年（1655）中进士之后，授户部主事，又升刑部郎中，因失误降为兵马司指挥。一代大文豪，做一个风尘小吏，辛苦不堪。但他不以为官小位卑，多善政，离任时相送的老百姓拥满了街巷。后来他托病，隐居于太湖旁边的尧峰，读书著述九年。康熙皇帝曾问陈廷敬："今世谁能为古文？"陈廷敬就推荐了汪琬。

康熙十七年（1678）正月，康熙皇帝下诏开博学鸿词科。博学鸿词科是科举考试之外的特别考试，目的主要是笼络明代遗民不与清朝合作的知识分子，同时也为了进一步招揽没有得到重用的饱学之士。汪琬本来考中了进士，又以古文著名，但未受重用，只好隐居山林，于是陈廷敬又一次举荐了汪琬。

康熙十八年（1679），汪琬到京城参加了博学鸿词科考试，被评为一等，授翰林编修，参与编修《明史》。汪琬在明史馆中仅六十天，写成列传一百七十五篇，何其神速，不愧是文章高手。

后人评价说：王士禛、汪琬"一为诗伯，一为文

宗，而吹嘘上送，名达天衢，实由先生（指陈廷敬）一
言推毂，诚得以人事君之道矣。"意思是说，王士禛、
汪琬二人，一个是诗坛领袖，一个是文章宗师。为他
们传播名声，把他们推荐给皇帝，让他们的名字上达天
听，都是陈廷敬一句话起了作用，这才真正是人臣侍
奉君主的道理，肯定了陈廷敬为朝廷举荐人才的功劳
和美德。

五　文章宿老

陈廷敬是清代康熙年间的文学大家，在诗文创作上
取得了很高的成就，前人早已有定论。纪晓岚等四库馆
臣在《四库全书总目提要》中对陈廷敬评价说："文章
宿老，人望所归，燕许大手，海内无异词焉。"唐玄宗
时名臣燕国公张说、许国公苏颋，两人皆以文章显世，
时号"燕许大手笔"。这里是说，陈廷敬是文坛的老前
辈，享有很高的声望，一致称他是燕许大手笔，海内文
人皆无异议。至于陈廷敬的诗文，与王士禛、汪琬相比
较，纪晓岚等四库馆臣说陈廷敬与王士禛、汪琬"蹊径
虽殊而分途并骛，实能各自成家。其不肯步趋二人者，
乃所以能方驾二人欤！"意思是说，陈廷敬与王士禛、
汪琬在文学上所走的道路不同，风格迥异，但能并驾齐

驱，可以各自成家。他不肯跟在这二人后面亦步亦趋，是他完全有能力与此二人比肩并驾。

福建侯官县举人林佶，字吉人，号鹿原，游学京师。他为了学习诗文，要拜当时的顶级人物为师，他向陈廷敬、王士禛、汪琬学习写作诗文，学而有成，写诗才气汪洋，作文辞藻修洁，著有《朴学斋集》。林佶不仅诗文写得不凡，而且工楷法。清代书法理论家包世臣把有清一代书法分为神品、妙品、能品、逸品、佳品，林佶的小真书归入佳品。林佶小楷银钩铁画，妙彩丰神，名震京华。他要为他的三位老师写刻文集作为报答。陈廷敬的《午亭文编》、王士禛的《渔洋精华录》、汪琬的《尧峰文集》都是他亲手书写出来，然后由刻工雕刻成版，印刷成书，在历史上被传为佳话。这三部书在中国版本学上称为著名的"林写三刻"，弥足珍贵，有很高的收藏价值。

康熙四十四年（1705），陈廷敬向朝廷推荐林佶，康熙皇帝立即召试，然后让林佶入值武英殿，为康熙皇帝写刻《御制文集》《御制诗集》。康熙皇帝的诗文集都要林佶写刻，说明林佶的楷书写得确实不凡。后来康熙皇帝特赐林佶为进士，补官内阁中书，参加编修《古今图书集成》。

六 人望所归

陈廷敬为人温厚和平，宽裕汪洋，慧眼识人，善于发现人才、培养人才、举荐人才。他的周围有很多文人学士，与他交往，向他学习。说他人望所归，名副其实，毫不夸张。

陈廷敬的诗文作品特色鲜明，独树一帜，是清代文学史上与王士禛、汪琬鼎足而三的文坛泰斗。他一生创作诗歌近三千首，各种体裁的文章一百五十余篇，重要结集有《尊闻堂集钞》八十卷、《午亭集》八十卷、《午亭文编》五十卷。康熙年间，中国社会又一次由动乱走向安定，由凋敝走向繁荣，面对朝气蓬勃、风雷激荡的时代，陈廷敬以积极的态度，满腔的热忱，直面现实，形诸歌吟，艺术地再现了时代的风貌，唱出了时代的最强音。他的诗作中，对当时社会状况的深沉关注及对民间疾苦的由衷同情，反映了一个正直诗人心系国事民生的高尚情操。在他的笔下，纪行状景之诗尤具特色，将祖国的大好河山写得勃勃有生气，令人无限神往。陈廷敬的散文恪守儒家"文以载道"的理念，叙事则要言不烦，不蔓不枝，声情并茂，精彩淋漓；议论则酌古御今，无党无偏，褒善贬恶，持论公允；抒情则温柔醇厚，清正典丽，行云流水，情真意切。不愧燕许大手笔，俨然醇儒名臣风范。

翰林院有两位翰林，一个叫史申义，一个叫周起渭。史申义，字叔时，号蕉饮，江南江都（今属江苏扬州）人。著有《芜城集》《使滇集》《过江集》，有南宋陆游的诗风。周起渭，字渔璜，贵筑（今贵州贵阳）人。著有《桐野诗集》。贵州在明代才进入国家版图，清代贵州诗人以周起渭为第一。康熙皇帝有一天派内侍来问陈廷敬，说："今之诗人，孰与尔等比？今或未然，其后可冀有成者为谁？悉以闻。"意思是说，现在诗人中，谁能与你们相比？如果现在还不能与你们相比，将来能够学成的有谁？全都奏明。陈廷敬就推举了史申义、周起渭，史、周二人因此而声名鹊起，被称为"翰苑两诗人"，一时名噪天下。

清代康熙年间著名诗人查慎行，字悔余，浙江海宁人。少年时受学于大学者黄宗羲，六经中最精通《易经》。性喜作诗，游览所至，辄有吟咏。康熙三十二年（1693），考中举人，但后来屡考进士不第。其后康熙皇帝东巡，陈廷敬向康熙皇帝推荐了查慎行，康熙皇帝立即下诏，让查慎行前来赋诗。然后诏命查慎行随驾入都，入值南书房。不久又赐进士出身，选为庶吉士，授编修。

　　文学家姜宸英（1628—1699），字西溟，浙江慈谿（今慈溪市）人。姜宸英工文辞，作文闳博雅健。康熙二十年（1681）冬，他已经五十四岁，从故乡来到京师。他初见到陈廷敬的时候，发现陈廷敬神情严肃，不苟言笑，如同山岳耸峙，感觉难以接触。这是因为陈廷敬对姜宸英的情况并不了解。陈廷敬把姜宸英安排在明史馆参加编修《明史》，当他看到姜宸英所写的史传文章后，喜形于色，抃掌称善，常把姜宸英的文章放在怀袖之中，逢人就拿出来与人共读，反复朗诵，到处为姜宸英宣扬延誉。

　　在陈廷敬所交往的文人学士中，也有很多地位低下的文人。其中有一个布衣文人，名叫张文炳，字子潜，阳城人。他家境贫寒，以卖豆腐、采药为生。虽然他从未上过学，但酷爱诗歌，无人教导，就自己刻苦研读，终于得其门径，著有《麇田小草》。张文炳的诗淡中见雅，妙语惊人，但身为布衣，穷居陋巷，所以鲜为人知。康熙三十一年（1692），陈廷敬因父亲去世归里守孝，张文炳又带着诗稿去拜访陈廷敬。陈廷敬读了他的诗稿，极为称许，感叹说："风趣孤迥，非馀子可及。"并为张文炳诗集写了序言。陈廷敬到京城后，将他的诗向朝中诸臣广为推荐，使他一时名噪京华。

第五章 ┃ 天恩世德
DIWUZHANG TIANENSHIDE

一　张氏淑女

陈氏第八世三兄弟的老二陈昌期，字大来，号鱼山。他比长兄陈昌言整整小十岁。明崇祯七年（1634），陈昌言考中进士后在外做官，他在家奉养老母。先娶了一房妻子，但不久就病逝了。

陈昌期的母亲范氏，又要为儿子说亲。她听说沁水县郭壁村的张家有一个女儿，才貌双全，即聘为儿媳。这位张氏，出身于世宦之家，祖上历代为官。祖父张之屏，明万历二年（1574）进士，累官陕西商洛道左参政。父亲张洪翼，字万涵，明万历三十一年（1603）举人，署朝邑县教谕，官至广平府威县（属河北省）知县。母亲王孺人，出身名门，大家闺秀，是明代著名政治家吏部尚书王国光的孙女。

张洪翼已是壮年，没有儿子，这一个女儿生得非常聪慧，所以张洪翼对她十分钟爱，把她当作儿子来养。在古代，女子本来是不读书的，他却要让女儿读书，并且亲自教。张氏先后读了《四书》《资治通鉴》《列女传》等，不仅全部能熟背，而且通晓大意。张氏字也写得好，一手蝇头小楷，不亚于州县学校里的秀才。其母亲王氏，做事有规有矩，待亲戚待乡邻皆以礼，对下人宽严得中。她对女儿日夜训诫，凡做事皆有法度，女儿亦善承母意。这样，父亲教张氏读书，母亲教张氏待人治家之法，把张氏调教成了一位德才兼备的贤淑女子。

二　贤妻良母

张氏既是才女，又是贤妇。嫁至陈家之后，长兄陈昌言之妻李氏多病，三弟陈昌齐夫妇早夭，婆母范氏寡居在堂，张氏晨夕侍于侧，一切烹饪缝纫诸琐碎事，皆亲自动手。范氏夫人老而长斋，喜洁清，非张氏所做食物则不甘味。于是范氏夫人每每叹息说："无此贤新妇，何以娱我老人？"

张氏生于明万历四十八年（1620），比她的丈夫陈昌期小十二岁，共生了六个儿子、四个女儿。她生性勤劳，每次分娩后三日，即起操持家务。

陈昌期为人性格方严，即使是盛夏酷暑，也要穿戴整齐，正襟危坐，张氏也是不苟言笑。夫妻二人平时相敬如宾，他们在一起所谈论话题，都是古代的忠孝义烈之事。张氏从小熟读圣贤之书，崇尚儒学，绝不相信神仙鬼怪之事，所以她的家中，历来禁止僧道尼巫等人出入。平时家政稍有余暇，即取出书籍，凭几诵读，夜深方寝。

张氏非常注重对子女的教育。陈廷敬考取翰林之后，进入庶常馆学习。张氏到京城探望儿子，在京城住了一段时间，要返回老家，临走之时，她把陈廷敬未做官时所穿的旧衣服打点起来，准备带回老家去。因为陈廷敬做了官，穿了官服，用不着以前的旧衣服了。这时，她对陈廷敬说："识之！愿儿无忘布衣时也。"意思是说，记住吧！但愿你不要忘记当平民百姓的时候。这是教育陈廷敬，要保持做平民时艰苦朴素的本色。

康熙元年（1662），张氏病重，陈廷敬请假回家探病。张氏病愈之后，陈廷敬要辞家赴京，这时张氏对陈廷敬说："女往哉！吾为尔娶妇嫁女、治装具、给资斧焉，慎毋爱官家一钱！"意思是说，你走吧！我为你的儿子娶媳妇，为你出嫁闺女，给你准备行李路费，你千万不要贪图官家的一文钱！教育陈廷敬要做清官，不要做贪官。

陈廷敬在京做官，他的父亲每有书信来，张氏都要在后面亲笔附上几句话，勉励陈廷敬勤谨奉职，她说："吾儿已致身，所宜忘家为国。吾两人犹壮盛，万勿以为念。"意思是说：我儿已经成为朝廷的人，就应该忘记家庭，一心为国。我和你父亲二人的身体很好，你千万不要挂念。这是教育陈廷敬忘家为国，一心奉公。

从这些事例可以看出，张氏对于婆母来说是一位不可多得的贤媳，对于丈夫来说是一位难能可贵的贤妻，对于儿子来说是一位名副其实的良母。陈廷敬居官清廉勤慎，和张氏对他的教诲是分不开的。

三　特殊恩典

就在陈廷敬仕途得意、平步青云的时候，他母亲逝世的噩耗传到了京城。康熙十七年（1678）十月二十九日，陈廷敬之母张氏夫人病逝，终年五十九岁。

陈廷敬痛不欲生，立即含泪上奏朝廷，要回籍奔丧。康熙皇帝接到奏章，派遣内阁学士屯泰、翰林院掌院学士喇沙里两位满族大臣，带着御赐的乳茶桐酒四器（瓶），到陈廷敬府中慰问，并传御旨，要陈廷敬节哀自爱。陈廷敬感激涕零，跪接了皇帝赏赐的乳茶桐酒，山呼万岁，叩拜天恩。这件事看起来很普通，实际上是康熙皇帝对陈廷敬的一个特殊恩典。在此之前，只有清朝打天下的开国功臣遇到丧事，才能享有这种恩典，而这类打天下的大臣，都是满族、蒙古族和汉军旗人，汉族大臣从来没有人享受过这样的殊荣。到了陈廷敬这里，康熙皇帝特地为他开了先例。康熙皇帝在陈廷敬身上开了很多先例，这是其中之一。

然后，礼部要商议对陈母张氏的优恤。陈廷敬在康熙十四年（1675）的时候，升任詹事府詹事，是三品官，他母亲张氏被封为淑人。按规定只有以学士品级所封，才能得到朝廷的祭葬。张氏是以陈廷敬任詹事时所封，不得祭葬。礼部按这个规定上奏，陈母不得优恤。这时，康熙皇帝又要为陈廷敬开先例。他说："廷敬侍从勤劳，其母准以学士品级赐恤。"于是陈廷敬的母亲获得朝廷祭葬的待遇。

四 百鹤来翔

陈廷敬奔丧回籍，为母亲在樊山之巅选好墓址。康熙十八年（1679）秋天，他们正在开启坟墓。就在这天午时，出现了十分奇异的现象。突然有白鹤数百只，自西而来，飞到墓地的上空，从容地盘旋飞翔，鸣叫之声十分动听，很久很久才离去。陈廷敬记下了当时的景象："有鹤来萃，翔于云际，自西而东，盘旋容裔，翯（hè）羽缤纷，若雪若云，鸣唳嘹亮，如奏笙琴。"当时在场的人很多，看了这种现象都非常惊异，因为在山西、河南、河北这一带从来都没听说过有鹤，这一天不仅忽然来了鹤，而且又如此之多，他们能不感到惊异吗？

鹤素称仙鹤，是吉祥之鸟，陈廷敬不由得想起来一个典故。晋代有一位名臣叫陶侃，立过很多功劳，官至极品，他的母亲湛氏是一位有名的贤母。陶侃家穷，他起初在县里做了一个小吏，监管鱼肉，他就取了一坛咸鱼派人送给母亲。陶母看了知道这是官物，于是就将这一坛咸鱼封好退还，并写信指责陶侃说："你身为县吏，盗用官物来孝敬我，这样做不但对我无益，反而让我对你的做法感到不安，增加了我的忧虑。"陶侃看了信，深受震动。后来他官做大了，时时记着母亲的教训，有奉送礼物者，都要问清礼物从何而来。如果来路正当，即使礼物微贱也很高兴，给对方的赏赐要超过他所送原物的数倍；如果来路不正，是不义之物，他就要对送礼者严加训斥，退还原物。由此可见，一位母亲对儿子具有多么大的影响力。陶母是贤母，教育儿子成为名臣。传说陶母死后，陶侃居于墓下守孝，有二位客人来吊唁，不哭而退，化为两只仙鹤，冲天而去。所以就留下了一个典故，人们自此把吊唁雅称为"鹤吊"。

陈廷敬想，陶母是贤母，死后有二鹤来吊，而自己的母亲死后有百鹤来翔，可见自己的母亲更贤于陶母。但是陶侃在母亲的培养下成为晋代的名臣，而自己却无所作为，与贤人君子相比望尘莫及，深以为自恨。所以他把母亲的墓地取名为百鹤阡，用来铭记母亲的贤德和自己内心的惭愧。

五　感德题匾

在陈廷敬母亲去世的康熙十七年（1678），陈氏家族正兴旺发达，如日中天。陈廷敬的父亲陈昌期，拔贡出身，被授予玉林卫教授，是掌管教育的官员，但他在家操持家政，没有去上任。此时他已经七十一岁，是年逾古稀的老人了，回顾平生，抚今追昔，感慨良多。

他想到自己的兄长陈昌言，曾考中进士，在朝中为官；侄儿陈元、儿子陈廷敬又双双得中翰林，况陈廷敬已深得康熙皇帝的器重和信任，充任经筵讲官、南书房大臣，成为康熙皇帝身边的近臣，进入了康熙皇帝的决策中心。所以陈昌期感慨地说："呜呼，吾祖德修于己，报施于天！"意思是说，这是我的历代祖宗修身养性，积累功德，上天才这样回报于后人。

陈廷敬深深懂得老父的心思，于是写下了"天恩世德"四个大字，刻成石匾，镶嵌在中道庄城门之上。陈廷敬把陈氏家族的兴旺发达，归结为两层意思，一是"天恩"，二是"世德"。"天恩"是皇恩，陈氏兄弟桂宫联捷，冠盖如云，都是皇帝的恩宠；"世德"是历代祖宗的功德，祖宗积仁积义，才能庇佑陈氏家族兴旺发达、繁荣昌盛。

早在明崇祯十五年（1642）陈氏家族修建中道庄城堡的时候，陈廷敬的伯父陈昌言题写了"中道庄"三个大字的石匾，镶嵌在城门之上。这时陈廷敬所写的"天恩世德"石匾，就镶嵌在"中道庄"石匾的上方，他伯父所写的"中道庄"三个字反而落到下面。乍看起来，好像不合情理，伯父的字放在下面，侄儿的字放在上面，这是为什么呢？这是由"天恩世德"四个字的内容所决定的。这里的"天"是代表皇帝，皇帝是至高无上的；同时这里的"世"代表祖宗，祖宗的地位仅次于皇帝。皇帝为大，祖宗为大，所以这块匾必须放在"中道庄"匾的上方。又因为"中道庄"三字是陈廷敬的伯父所写，陈廷敬虽然官阶比他伯父的品级高，但他是小辈，他的名字不能放在长辈名字的上面。所以陈廷敬为了解决这个问题，采取了变通的办法，在落款时只写了时间，"康熙己未十月吉旦立"，没有写自己的名字。康熙己未是清康熙十八年（1679）。这样既突出了皇帝和祖宗的地位，又不影响对伯父的尊重。

六　诗颂善行

陈廷敬父亲陈昌期治家谨严，勤俭节约，和他的先辈一样，常以钱粮周济族人和乡亲。每逢饥年，必拿出家里的钱粮解救灾荒，乡人皆感其恩德。陈昌期积德行善，声名远播。当时朝里有一位大臣叫魏象枢（1617—1687），字环极，一作环溪，号庸斋、寒松，山西蔚（yù）州（今河北蔚县）人，官至刑部尚书。魏象枢是清康熙年间著名的理学家，比陈廷敬大二十一岁，与陈廷敬既是山西同乡，又是意气相投的好友。他于清康熙十五年（1676）得知陈廷敬的父亲陈昌期的义行善举，就写了一首五律来歌颂，诗曰：

> 古道何能遘？高风尚在今。
>
> 痌瘝原素念，桑梓况关心。
>
> 尽饱仁人粟，争传义士吟。
>
> 贞珉书不朽，遍满太行阴。

意思是说，古代的高尚道德如何能够遘到呢？高尚的风义就在今天出现了。乡亲的病痛是他平素的心念，乡亲的愁苦是他关切的事情。贫苦百姓都吃饱了仁者的粮食，争相传颂着感激义士的歌谣。这些感人的事迹要刻在碑石上让它永不磨灭，并且在太行山上到处流传。

七　长者之志

清康熙二十七年（1688），陈昌期将祖上几代人储积的粮食数十万石全部发放给乡人，因此而保全生命的饥民不可胜计。与此同时，他又把乡人历年向他家借钱的债券全部当众烧毁，共计捐金钱数十万缗（mín）。

乡里的百姓得到好处，心怀感激，共同请求官府，希望地方官员逐级上报，奏请朝廷，对陈昌期的义行善举进行旌表。陈昌期知道了，他想，自己行善的目的是为什么，难道是为了获得朝廷表彰吗？所以他赶紧出来制止说："何可乃尔？"意思是说，怎么可以这么办呢？可是大家不听，众意不可挽回，坚持要请求官府上报朝廷，并且山西巡抚已经把请求旌表的公文上达礼部。

陈昌期见制止不了，就派人骑快马用七昼夜的时间飞速驰往京师，命陈廷敬迅速出面阻止此事。当时陈廷敬已经是吏部尚书，他接到父亲的书信，按照父亲的意思立即具牒于礼部，要求礼部按下山西巡抚的公文，不要将此事上奏朝廷。礼部尚书感到陈昌期是出于一片诚心，说："成长者志。"意思是说，既然老人家坚持要这样，那就成全老人家的心愿吧！于是停止向朝廷上奏。

这件事虽然没有上奏朝廷，却在京城不胫而走，到处传颂。京官中能写诗古文者，上至王公大臣，下至翰林学士，纷纷吟诗作文歌咏此事，以劝化风俗，激励世人。这些诗文后来集为一书，名曰《惠民录》。乡人为歌颂这件事，在交通大道上立碑纪念，接连数十里，达三十多处。在晋城市城区晓庄附近还有一块碑，至今保存完好。

八　惠民高风

陈昌期积仁累义，乐善不倦。到了清康熙三十一年（1692）七月十二日，这一天是陈昌期的诞辰，他已经八十五岁高龄，风烛残年。他又拿出家中所有的钱，换米数百石，周济乡人。自康熙二十七年（1688）陈昌期赈济乡人之后，陈廷敬弟兄几人的家中已经很贫困，但陈昌期并不放在心上，此时又尽其所有周济乡人，实在是古今难能之举。

乡里士民心里感激，要为他建生祠，纪念他的恩德，陈昌期不许。在陈昌期最后一次周济乡人十三天之后，即清康熙三十一年（1692）的七月二十五日，这一位德高望重的老人去世了。他逝世之后，陈廷敬与诸兄弟商量，为了纪念陈昌期乐善好施的义举，决定为他建立祠堂。康熙三十一年十月，陈廷敬兄弟在陈氏所居东山之麓，修建了惠民祠，对陈昌期一生的义行善举，予以永久纪念。

陈昌期（1608—1692），终年八十五岁。以子廷敬贵诰封正一品光禄大夫、经筵讲官、吏刑二部尚书、左都御史。陈昌期的封阶高贵至极，无比尊荣，同时他善处乡邻，善待百姓，其高风亮节，义行善举，有口皆碑，古今罕俦。

九 冢宰总宪

康熙三十六年（1697），陈廷敬的第二子陈豫朋、第三子陈壮履都已经考中进士，并且入选翰林。陈氏家族为了表彰他们光宗耀祖的成就，修建了冢宰总宪牌坊。冢宰总宪牌坊位于中道庄内，牌坊为三门，中门的题额为"冢宰总宪"。"冢宰总宪"，表示陈廷敬所任过的重要官职。

冢宰，是吏部尚书的古称，当时陈廷敬最高官职是吏部尚书。陈廷敬曾经做过吏部、户部、刑部、工部四部尚书，为什么偏偏只突出吏部尚书这个官职呢？因为朝廷六部的排列顺序是吏、户、礼、兵、刑、工，各部又分别与天、地、春、夏、秋、冬相配，再加上各部尚书的古称，这样六部尚书依次就是吏部天官大冢宰、户部地官大司徒、礼部春官大宗伯、兵部夏官大司马、刑部秋官大司寇、工部冬官大司空。吏部为六部之首，与天相配，吏部尚书被称为吏部天官，又称为大冢宰，比其他各部的位置都重要。

总宪是左都御史的古称。因为都察院在汉代称为御史府，东汉时又改为宪台，所以明清时期称都察院左都御史为总宪。陈廷敬做过左都御史，是都察院的最高长官。左都御史官位不及六部尚书，品级也比六部尚书低，尚书是一品，左都御史是二品。但左都御史总理法纪，纠察百官，性质不同，地位显要。所以在牌坊上特地用"冢宰"和"总宪"这两个词来标举陈廷敬所做过的吏部尚书和左都御史这两个重要官职。

冢宰总宪牌坊中间由上而下序列陈廷敬上三代及自身职衔，曰"诰赠正一品光禄大夫经筵讲官刑部尚书陈三乐""累赠正一品光禄大夫经筵讲官吏刑二部尚书都察院掌院事左都御史陈经济""累封正一品光禄大夫经筵讲官吏刑二部尚书都察院掌院事左都御史陈昌期""戊戌科赐进士正一品光禄大夫经筵讲官吏户刑工四部尚书都察院掌院事左都御史陈廷敬"。陈三乐为陈廷敬曾祖,陈经济为陈廷敬祖父,陈昌期为陈廷敬父亲,其职衔均因陈廷敬的官职封赠。

十 衍泽承恩

冢宰总宪牌坊左右两门的题额分别为"一门衍泽""五世承恩"。"衍"本来是形容水广布长流,这里引申为扩展延伸。"泽",是指祖先的德泽。意思是说,陈氏祖先的德泽仍然在扩展和延伸,使他的后代仍然能享受到祖先的德泽。"承恩"是指蒙受皇恩。意思是说,陈氏上下五代都蒙受着浩荡的皇恩。从陈廷敬算起,他的曾祖、祖父、父亲和他本身以及他的儿子,这样总共五代。

封建时代,朝廷为了表示对大臣的恩惠,要对大臣的上三代进行封赠,也就是将大臣本人的官阶授予其曾祖父、祖父、父亲。对上三代活着的人授官称封,对去世的人授官称赠。清朝规定,一二品官封赠三代,三品以下封赠二代,六品以下封赠一代。陈廷敬是正一品官,当然要封赠上三代,所以他的曾祖父陈三乐、祖父陈经济、父亲陈昌期都得到了朝廷的封赠。陈廷敬的曾祖父和祖父在他出生之前都已去世，只能赠官，而他的父亲陈昌期活到八十五岁，所以他在生前享受了皇帝的诰封。陈廷敬的曾祖父陈三乐，诰赠正一品光禄大夫、经筵讲官、刑部尚书。光禄大夫是散阶，标志官阶品级的高低，正一品光禄大夫是文官中最高的官阶。他的祖父陈经济，诰赠正一品光禄大夫、经筵讲官、吏刑二部尚书、都察院掌院事左都御史。他的父亲陈昌期，诰封正一品光禄大夫、经筵讲官、吏刑二部尚书、都察院掌院事左都御史。

陈廷敬的堂兄陈元是己亥科赐进士、翰林院庶吉士。陈廷敬的二弟陈廷继是拔贡、国子监学正、候补行人司司副。四弟陈廷愫为武安知县、候补府同知。五弟陈廷宬为贡生，太原、平阳训导，广东钦州金判、湖广郧阳别驾、罗定州知州。六弟陈廷统，为四川成都府通判、大理寺副、刑部湖广清吏司郎中、兵部武库清吏司郎中、湖广辰沅靖道、福建延建邵道。七弟陈廷弼，为湖广岳州府临湘县知县、桂阳知州、广东粮驿巡道。八弟陈廷翰，为康熙甲子科举人、拣选知县。

陈廷敬的三个儿子：长子陈谦吉，监生，江南淮安府河务同知；次子陈豫朋，甲戌科会魁，赐二甲第十二名进士，翰林院庶吉士；三子陈壮履，丁丑科会魁，赐二甲第八名进士，翰林院庶吉士。

在这座牌坊上，总共记载了陈氏五代的封赠、功名和官职情况，所以说是"五世承恩"。和前面的"天恩世德"联系起来，这里的"五世承恩"说的是"天恩"，"一门衍泽"说的是"世德"。

一 芝茂兰香

陈氏的第八世兄弟三人，老三陈昌齐早逝无子，老大陈昌言有子而无孙，唯有老二陈昌期子嗣旺盛。陈昌期娶妻张氏，生了十个儿女，其中六个儿子、四个女儿。副室程氏生了两个儿子、一个女儿。这样，陈昌期有八个儿子、五个女儿，总共十三个子女。八个儿子依次为廷敬、廷继、廷莐、廷愫、廷宬、廷统、廷弼、廷翰。陈廷敬兄弟八人都有功名，所以说他们像芝草那样茂盛，像兰花那样芳香。但其中有两人早逝，即陈廷敬的三弟陈廷莐、八弟陈廷翰。

陈廷敬的三弟陈廷莐，字逊斯，他考中了州学的廪生，能够享受食廪的待遇，在秀才这个系列里级别也是比较高的。但他二十一岁就去世了，是陈氏兄弟中活得年龄最小的。

陈廷敬的八弟叫陈廷翰，字公干，号行麓，一号迁斋。他的功名是举人。这是陈廷敬其他七个兄弟中唯一的举人，也是七个兄弟中功名最高的一个。他考上举人以后，又经朝廷考核，录取为拣选知县。清代朝廷命官的正途，只有考上进士才能成为正式的朝廷官员，举人如果三次考不上进士，就可以由吏部通过考核授官，挑选的标准主要是看相貌。陈廷翰几次考试没有考中进士，就被朝廷录取为拣选知县。虽然他有了做知县的资格，但没来得及补上实缺，仅三十四岁就去世了。

陈廷敬其他五个兄弟都做了官，后人就把他这五个兄弟称为"陈氏五廷"。

二 国子学录

陈廷敬的二弟叫陈廷继。陈昌期的三弟陈昌齐早逝，没有儿子，陈昌期有了第二个儿子陈廷继以后，就把他过继到了他的三弟陈昌齐名下，所以取名为陈廷继，继就是继统的意思。陈廷继，字孝章，号绵斋，是陈昌期的副室程氏所生。他是康熙壬子年（1672）的拔贡，朝考第三等，授永宁州（今山西省吕梁市离石区）学正。学正是州里的学官，掌管一州的教育。后来又升为国子监学录。学录是国子监所属学官，掌执行学规，协助博士教学。陈廷继为人谦谨公正，以培养人才为己任，受人敬重。后来陈廷继又候补了行人司的司副，但他未去上任，因为他们弟兄几人都在外面做官，父亲陈昌期已经年老，所以他回家奉养父亲，料理家务。

陈廷继性格耿直，朴实无华，笃于孝。虽然他的家族是官宦之家，富甲一方，但他没有贵公子那种纨绔习气。史书记载他："奉亲则定省勤劬，任事则条分缕析。屏于纷华，绝无纨绔之习。间出课耕，则布袍驽乘，一苍头控之。行道上，遇者不知为贵公子也。"意思是说，陈廷继奉养父亲则早晚问安，任职理事则有条不紊。远离奢华，绝没有纨绔子弟的习气。有时候到田间去督促耕种，穿着布衣布袍，骑着劣马，一个仆人跟着。在路上遇到他的人，不知道他是一个富贵家的公子。

陈廷继（1644—1689），终年四十六岁，长于文学，喜欢写诗，著有《绵斋诗稿》《世德堂遗稿》。

三　武安青天

陈廷敬的四弟陈廷愫，字素心，号梅庄，一号梅嵝

（kān），以恩贡补选了府同知，改授河北省武安县知县。陈廷愫勇于任事，乐于助人，史书上记载他："凡抚孤济急赈荒，莫不引为己任。"意思是说，凡是抚孤、救急、赈荒这样的事，他都当成自己应尽的责任。

他还没做官的时候，泽州的官府经常向一些富户勒索羊绒、狐皮之类财物，他就多次向上官请求，革除了这一项弊政。古时候，为了防备灾荒，朝廷倡导在地方上创建义仓，丰年的时候大家都向义仓中捐纳粮食，到荒年的时候再拿出来给大家食用。陈廷愫就拿自己的粮食创办了朱子社仓，后来家乡遇上荒年，老百姓依靠社仓得到了赈济。

武安县每年交办漕运税粮，由百姓负载粮米运送至黄河边的船上，颇费时日，老百姓不堪其累。陈廷愫令县衙户房的小吏带着银子到黄河岸边购买粮米交付漕运，免去搬运之苦，百姓就方便多了。武安县的老百姓健讼好斗，陈廷愫多方化导，民风有了很大改变。陈廷愫在武安县任上十分清廉，深得民心。在陈廷愫之前有一个知县姓耿，是一位不贪钱做好事的官员。耿知县离任后陈廷愫去上任，也是一位不贪钱做好事的官员。当时就传开这么一句民谣，说"耿青天后陈青天"，就是说耿青天走后又来了一位陈青天。陈廷愫离任之后，老百姓建了生祠纪念他，祠的名称叫"一钱亭"，意思是说陈廷愫是不贪一钱的清官。

陈廷愫在武安县任满之后就辞官回乡隐居了。他在中道庄的附近修建了一个别墅，名叫梅庄，颇具园亭之胜。陈廷愫（1648—1718），终年七十一岁，工钟繇、王羲之小楷，著有《南游草》《归田诗录》《梅嵋遗稿》《梅庄倡和集》。

四　郧阳造福

陈廷敬的五弟陈廷宸，字六箴，号两墅，康熙年间岁贡生。初任太原府训导，在任修复学舍，督促生徒，教育成绩突出。太原知府对他非常欣赏，把他的做法作为典范向太原府的二十七个学所推广。继补平阳府训导，又调任广东钦州金判，先后代理了永安、西宁、新兴、和平几个县的知县，并有政声。不久，他升湖广郧阳府（属湖北省）通判。郧阳府为"楚北重镇，艰于转饷"，各个属县运粮饷要经过汉水到达长江，其间颇多险阻。陈廷宸请折价采买，这样既省了装运的麻烦，又避开了汉水到长江的江涛之险，军民称便。

陈廷宸以郧阳府通判代理郧阳知府，他挖修渠道，浇灌民田三千余顷（1顷≈0.0667平方千米），为老百姓造福。陈廷宸还善决疑狱。郧阳府下辖兴国州，兴国州有一件久悬不决的疑案，知州因此而罢官。后来让陈廷宬去审讯这个案子，陈廷宬经过一次审讯，立即辨明。后升为广东罗定州知州，到任后百废俱兴，做了很多好事，老百姓到处称颂他的恩德。后来，其弟陈廷弼任参议，管辖罗定州。古代的官吏制度，有亲戚关系的人不能成为上下级关系。他是罗定州的知州，他的兄弟是管罗定州的道台，按制度级别低的官员必须回避。所以陈廷宬循例引避，辞官回家，在途经兴安时病卒。

陈廷宬（1650—1710），终年六十一岁，长于文学，著有《梅庵遗稿》《自怡草》《信口吟》《北上怡怡草》。

五　镇筸应变

陈廷敬的六弟陈廷统，字与可，号莘野，一号秋崖。康熙间岁贡，初授四川成都府通判，内转大理寺副。不久，陈廷统升为刑部郎中。后来被提拔为湖广的辰沅靖道，管辖辰州府、沅州府和靖州，道台衙门设在湖南辰州的镇筸城中。

当地的民族红苗叛乱，有众数万人，镇筸城中的富户某与红苗暗通，约为内应。镇筸城中兵不满数千，"皆老稚不可用"。史书记载："事起仓促，武士皆股慄，不知所为。"意思是说，事情太突然了，武将们皆大腿颤抖，不知道该怎么办。陈廷统作为一个文官，遇到这种情况，他站出来从容指挥，和这些苗民们讲道理，劝说苗民安静下来，不要造反。他得知城里的富户某暗自与苗民勾结，就把这个人抓起来杀了，悬首于城上。红苗本来以某为内应，看到失去内应，只好退去。陈廷统派兵尾追，得胜而归。史书记载说："师旋，市井晏然，若不知有兵革者。"意思是说，追兵凯旋，市面上很安静，好像不曾发生过暴乱。陈廷统虽是文官，却有胆略，临事不慌，处变不惊。

不久，陈廷统改福建延建邵道，管辖延平府、建宁府和邵武府。延平府素称"繁剧"，陈廷统"剔厘奸弊，宽恤人民"，史书记载他："为政不务苛细，临大事有高识远略，所任皆称治。"意思是说，陈廷统处理政务，不苛求细枝末节，遇到大事有远见，任职之地处处称颂他的政绩。

后来，陈廷统因偶有过失，"以吏议去，士民叹颂，有攀援流涕者"。意思是说，因为处理政务上偶然的过失，陈廷统被罢了官，士大夫和老百姓非常惋惜，称颂他的功德。在他离任的时候，老百姓攀着他的轿，流着眼泪不忍让他离开。不久，因为他有协助军务的功劳补任陕西神木道，他没有赴任，辞官归里。陈廷统壮年离开官场，纵情于烟霞诗酒之间。

陈廷统（1654—1717），终年六十二岁，著有《握兰草》《桑干集》《镇篡边防末议》等。

六　广东建功

陈廷敬的七弟陈廷弼，字荀少，号厚斋。自幼聪明，从小跟着陈廷敬学习，喜读《左传》《史记》，写文章别出心裁。陈廷弼以岁贡生授湖广临湘县知县，在任清丈民田，革除积弊。后升任澧州知州。澧州原来多淫祀，祭祀神灵太多，加重了老百姓的负担，陈廷弼根据朝廷颁布的祀典进行审核，把不必要的祭祀全部废除了。

陈廷弼调到桂阳任知州，桂阳是一个苗族和瑶族聚居的地方，苗民和瑶民经常发生叛乱，陈廷弼就亲自到山中与瑶民、苗民开诚布公地谈话，说服他们，使苗民和瑶民心服口服，不再叛乱。不久，陈廷弼内升兵部职方司员外郎，百姓攀援流涕送之。

后来陈廷弼又升任广东粮驿巡道，是管理广东一省粮食和驿站的官员。在此之前，广东省的粮米有多种摊派名目，老百姓不堪重负。陈廷弼到任后，把这些不合理的摊派全部革除。他又修建了三百多处粮仓，为朝廷储备粮食。由乐昌到彬阳长达四百里的水路非常险要，常常造成覆舟，陈廷弼就治理了这条水道，让它成为坦途，不仅运送粮食方便，老百姓行船也大为便利。广东的民田多半临海，海水返潮的时候常常淹没良田。陈廷弼就组织民众筑起了长堤，把田地保护起来，老百姓得到了实惠，非常感激他。

陈廷弼（1658—1714），终年五十七岁，著有《澧阳清田录》《王屋山庄诗钞》等。

第七章 | 理学宗师

DIQIZHANG LIXUEZONGSHI

一 重在躬行

陈廷敬是清代康熙朝的理学大家，他曾自述其为学的三个阶段，第一阶段是学诗，第二阶段是学文，第三阶段是学道。道就是理学，理学亦称为道学。他认为道是天下最大的学问。程朱理学从宋代发展到明代，出现了很多流派，而在明代最能代表程朱思想的人物是河津薛瑄。薛瑄是明代理学大师，创建了河东学派。陈廷敬继承了薛瑄的思想，著有《困学绪言》，对躬行高度重视。他说："古人读书，直是要将圣贤说话实体于身心。""与其言而不行，宁行而不言。""君子以身言，小人以舌言。故欲知其人，观其行而已，言未可信也。"在陈廷敬看来，躬行的真正含义，就是按理学的要求，规范自己的行为。

理学有真理学与假理学之分，日常行事合乎伦理道德的理学家是真理学，日常行事不合乎伦理道德的理学家是假理学。真理学把理学作为人生理想的最高追求，而假理学把理学作为换取高官厚禄的敲门砖。有些理学名臣善于高谈阔论，但在个人利益面前因言行不一，丑行败露，声名狼藉。虽然陈廷敬言语不多，不尚空谈，但行为却是按理学的要求循规蹈矩。李光地对陈廷敬的行事不得不表示叹服，他说："泽州之慎守无过，后辈亦难到。"所以说，陈廷敬的理学是注重躬行，反对空谈，表里如一，言行一致的真理学，不愧为一代理学宗师。

二　敬贤修己

陈廷敬在翰林院做学士的时候，京里有一位阳城籍的御史叫田六善。有一次，陈廷敬来到田六善家中，京城里有一位老太婆，常到田六善家中串门，这一次正好也来了。当陈廷敬和田六善谈到某某官员不爱钱时，这位老太婆就突然插话说："某不爱钱，岂杨继宗耶？"意思是说，这个人不爱钱，难道他是杨继宗吗？

杨继宗是何许人呢？杨继宗也是阳城人，是明朝成化年间的官员，十分清廉，不私一钱，在当时名望很大，号称"天下第一清官"。但是从杨继宗到陈廷敬那时已经三百二十多年了，这一位普通的老太婆竟能知道杨继宗的事情，令陈廷敬十分震惊。这说明一个清官的影响有多么深远，家喻户晓，妇孺皆知，永远活在人民心中。于是他决心做一个像杨继宗这样的清官。

后来他在做官期间，与几位德高望重的先辈交游，向他们学习到很多优秀品德。他举出了六位最敬仰的人物，分别是曲沃县的文渊阁大学士卫周祚、阳城县刑部尚书白胤谦、蔚州的刑部尚书魏象枢、永宁州的两江总督于成龙、阳城县的陕西巡抚张椿、高平县的湖广布政使毕振姬。这六位都是山西人，都可称为天下之士。他对这几个人非常崇拜，写了《六公赞》来歌颂他们的品德，并用以勉励自己。陈廷敬在他们身上学到了清忠端亮的立朝风范，学到了不计个人荣辱、个人得失的美德。陈廷敬就是这样，广取众人之长，择善而从，把自己造就成一位杰出的政治家。

三　经筵讲官

康熙十一年（1672），陈廷敬即被任命为日讲起居注官，康熙十五年（1676）陈廷敬又被任命为经筵讲官，其主要职责就是给皇帝讲授经书。陈廷敬在进讲、奏对之时，引经据典，敢于直言，反映出他渊博的学识和正直的人品。康熙十六年（1677）三月，康熙皇帝在陈廷敬讲授经书后说："览尔所进讲章甚为精详，实于学问政事大有裨益。"意思是说，看到你所呈进的讲稿非常精详，不论对于学问，还是对于处理政务，都有很大的好处。在进讲时，康熙皇帝有时还要根据当时政事情况，有针对性地提出一些问题，这就使他获得了阐发自己政治见解的机会，所以陈廷敬说："每当玉音下询，获申奏对，因而讲义之外，薄有敷陈。"陈廷敬讲筵奏对主要是向皇帝传授治道，也就是儒家的仁政之学。陈廷敬对皇帝的言行提出了要求，他告诫康熙皇帝，为帝王者必须居敬行简，凡事慎之又慎，他说："帝王以天下为家，一言之微，有前后左右之窃听；一行之细，为子孙臣庶之隐忧。是以圣帝明王必慎乎此。"意思是说，帝王要把天下作为自己的家。一言一行虽然微不足道，但是有前后左右的人在听着，有子孙臣民在看着，所以圣帝明王对自己的言行必须十分谨慎。

康熙皇帝对陈廷敬等理学名臣所传授的儒家仁政之学赞赏不已，他命陈廷敬编辑《日讲四书解义》二十六卷，康熙皇帝特为《日讲四书解义》作序，明确宣布清廷将以儒家思想治理国家。《四库全书总目提要》称陈廷敬编的《日讲四书解义》："所推演者皆作圣之基，为治之本，词近而旨远，语约而道宏。"意思是说，这本书中所探讨的都是成为圣贤的基础，是治理国家的根本，虽文辞浅近但意义深远，虽语言简约但道理宏大。

四　参预机务

康熙十七年（1678）三月，陈廷敬奉命入值南书房，这是陈廷敬宦途中的一次重要转折。

南书房，设于康熙十六年（1677）十月，位于乾清宫西南，本是康熙帝读书处。康熙皇帝亲政以后，国家大事需经过议政王大臣会议决定，而这些满洲王公贵族地位较高，经常与皇帝意见发生矛盾；二则内阁是朝廷最高政务机构，控制着外朝的全部权力。康熙皇帝为了削弱议政王大臣会议权力，同时将外朝内阁的某些职能移归内廷，把朝廷大权严密地控制在自己手中，因此决定设立南书房。

康熙皇帝在翰林官员中，选择才品兼优者入值南书房，称"南书房行走"。翰林入值南书房，常侍皇帝左右，备顾问、论经史、谈诗文，进而代皇帝撰拟诏令谕旨，参预机密的军国大事。所以南书房表面是康熙皇帝读书学习、研究经史的书房，实际是为进一步集中皇权而设置的机密中心。清代士人视之为清要之地，以能入为荣。到南书房行走的大臣，虽然不一定官位高，但既要学问好、文采好，德才兼备，又必须是皇帝信任的心腹大臣。到南书房行走的大臣都是兼职，他们有自己的专职，办完公事就到南书房值班。他们和皇帝讨论经史，和皇帝诗酒唱和，同时还要为皇帝出谋划策，帮助皇帝定夺机密大事，起草机密上谕，上谕就是圣旨。南书房大臣这个职务非常重要，能够左右朝廷大事。所以在当时人们的心目中，南书房大臣就相当于宰相。陈廷敬当时还只是一个正三品官，就成为南书房大臣，标志着他已经成为康熙皇帝决策集团的重要成员。

五　谏除小人

康熙二十一年（1682），三藩之乱平定不久，陈廷敬及时提醒康熙皇帝，要充分利用现在人心振奋、上下一心的机会，为清朝的世代基业制定长远战略。康熙中期，清廷政治关系十分复杂，宰相明珠专权，君臣权力分配出现矛盾，在朝诸臣彼此之间勾心斗角，陈廷敬便旗帜鲜明地维护皇帝的权威。陈廷敬针对清廷内部权力纷争，利用讲筵奏对之机，提醒康熙皇帝注意小人问题，他说，自古以来，皇上的政策不能下达，百姓的疾苦不能上传，都是因为有小人在中间作怪。所以重要的是除去小人。

他又说，小人为了巩固自己的地位，什么办法都能想出来，什么事情都能做出来。又善于用别人的短处来衬托自己的长处，能使皇帝对其信任不疑，所以能够专权，而为所欲为，随意做坏事。又说："小人谗害君子，不在大庭广众之际，而在于筵闲私语之时。使人主听受其言而不觉，故圣人比之为莫夜之戎。惟圣明之主严约其端，则可以无此患也。"意思是说，小人说坏话来陷害君子，不是在大庭广众之间，而是私下闲谈之时，使皇帝虽然听从了他的话，却毫无知觉，所以圣人把小人比作夜间突然偷袭的军队。只有圣明的君主严加约束，才能避免其祸。

陈廷敬关于君子小人的论述，引起了康熙皇帝的高度重视，他对陈廷敬说："从来君子得志，犹能容小人；小人得志，必不肯容君子。"陈廷敬在讲筵上对康熙皇帝谈君子小人问题，是指当时权焰最炽的大学士明珠及其党羽。明珠之专擅营私，日渐猖獗，陈廷敬故借讲学之机表明自己的立场，并建议康熙皇帝当机立断，剪除权臣势力。康熙二十六年（1687），康熙皇帝暗示，要剪除权臣明珠的势力，从而导致明珠权力的终结。

六　词林故事

陈廷敬进讲时，有关圣贤治国之道的帝王之学，对康熙皇帝的思想及施政产生了重大影响。概而言之，一是对其行为起了一定的制约作用，二是为其巩固统治提供了丰富的历史经验，三是为其制定政策提供了理论依据。所有这些，对于将康熙皇帝造就成为一个成熟的政治家，对于清朝统治的巩固和康乾盛世的到来都发挥了重要的作用。

陈廷敬后来升任文渊阁大学士，成为宰相。根据惯例，大臣一旦升任宰相，就不再担任经筵讲官，但是陈廷敬不一样，康熙皇帝特别喜欢陈廷敬的讲解，所以破例让他继续兼任经筵讲官，这是异数，是特殊的恩遇。所以史书记载："故事，大臣入内阁，不复侍经筵。兼之者，桐城、泽州二相也。"意思是说，大臣入阁拜相之后，就不再任经筵讲官，不再侍讲经筵，而当了宰相仍然兼任经筵讲官的，只有两个人，就是桐城、泽州二位宰相。桐城，是指安徽桐城的宰相张英，泽州就是指陈廷敬。

陈廷敬本人对这件事也很感到荣幸和自豪，他拜相之后，仍然兼任经筵讲官，给皇帝讲解经书。进讲之后，陈廷敬作《经筵纪事诗》，写道：

牙签一卷几回开，近日新纶忝窃陪。

好与词林传故事，白头丹地讲书来。

好与词林传故事，就是说他入阁拜相之后，仍然兼任经筵讲官，为皇帝讲书，这件事将被传为故事。事实上，这件事真的被传为千秋美谈了。陈廷敬经学邃深，对康熙皇帝的儒学修养和政治思想的形成产生了重大影响，成就了一代明君。

第八章 辅弼良臣

一 路路清廉

陈廷敬从清康熙二十三年（1684）开始任左都御史，左都御史是都察院的最高长官，主管朝廷法纪。然后又任过吏部、户部、刑部、工部等四部的尚书。朝廷分设吏、户、礼、兵、刑、工六部，是分管朝廷政务的职能机关，尚书是六部的最高长官。陈廷敬担任部院的最高长官长达二十年。陈廷敬还担任过宰辅之职的文渊阁大学士，是康熙决策集团的主要成员，对康熙朝的文治武功及康乾盛世的形成起了极大的作用，为改善百姓生活做出了重要的贡献。所以，康熙皇帝表彰陈廷敬为"辅弼良臣"。

　　清康熙三十六年（1697）六月十一日，康熙皇帝拿出一幅扇面，要陈廷敬为他在扇面上题诗。陈廷敬一看，扇面上画的是两只白鹭，一株青莲，就知道康熙皇帝是要提倡清廉政治，因为两只白鹭，谐音是路路，一株青莲，谐音是清廉，合起来就是路路清廉，意思是要求朝廷每一路官员都要保持清廉的作风。陈廷敬欣然命笔，在康熙皇帝的画扇上题了诗：

　　　　殿阁微凉日，民岩顾念时。

　　　　画图皆善诱，簪绂有良规。

　　　　饮露心元洁，含香气未移。

　　　　年年凤池畔，圣泽本无私。

　　意思是说，皇帝在微带凉气的殿阁中，仍然想念着百姓的疾苦。画图确实是循循善诱，官吏时时要遵守规矩。白鹭饮用露水的心清洁纯净，青莲的香气不会轻易改变。年年在凤池的旁边，圣主的恩泽本来无有私心。

　　陈廷敬出身于士大夫之家，从小就受到了良好的教育。进入仕途，他父母经常告诫他不能有贪心。康熙元年（1662），陈廷敬回家探亲，这时他还是翰林院的一个小官，其父陈昌期了解了他为官的情况，说："汝清品正尔难得！"他的母亲张氏也告诫他说："慎毋爱官家一钱。"父亲的话对陈廷敬来说是鼓励，母亲的话对陈廷敬来说是鞭策。陈廷敬把父母的话牢牢记在心中，每想到父母的教诲，辄往往失声痛哭。到了晚年，他检点自己一生，清廉自守，果然没有辜负父母的期望，于是他在诗中写道："不负当年过庭语，先公曾许是清官。"

二　二钱示警

康熙二十三年（1684）四月，陈廷敬以吏部侍郎督理京省钱法，到宝泉局去接事。他和僚属给事中、监察御史、监督郎官说："此天下钱之所由出也。吾自矢不受一钱，愿与诸公同之。"意思是说，这是发行钱币的地方，天下使用的钱币都是从这里出去的，我是决心不贪污一文钱，愿与各位共同遵守。然后他与大家共同对着青天白日起誓。宝泉局向来铸成新钱之后，都要向管钱法的官员进呈样钱，陈廷敬认为不合理，裁革了这一陋规。

数月以后，监督官员从废铜中捡得古钱数枚，拿给陈廷敬看，陈廷敬从中拣起一枚秦半两。秦半两是古钱币，秦朝时发行的。由于一枚钱有半两重，所以称为秦半两。监督官员告诉他说："人们常说，古钱币是吉祥物，请你把这一枚秦半两佩带在身上。"陈廷敬同意了。

又过了数月，陈廷敬升任左都御史，因都察院有公务，没时间到宝泉局。宝泉局吏员将铸就的新钱样品拿来请陈廷敬验看。吏员解开绳子，把钱币放于席上，陈廷敬一一视看后，吏员又将钱币收起离去。后来陈廷敬发现，席上还遗留有一枚铜钱，他就将这枚铜钱收了起来。

一日早晨，他又到宝泉局理事，忽然想起来他与大家共同发誓的事情，想："吾誓不受一钱，前后取其钱二，其何以自明？"于是，他立即呼宝泉局的官吏前来，将前后所得二钱还给宝泉局，局吏拿着钱感叹而去。陈廷敬于是写了《二钱说》一文，用以时刻警诫自己。

三　矢志拒贿

他在建立清廉吏治上，特别注意以身作则，他的清廉作风，在康熙时期是有口皆碑的。陈廷敬曾担任国子监的司业，国子监是朝廷的最高学府，国子监的最高长官叫祭酒，司业是副长官。原来国子监的学生入学，拜见国子监的长官，按例都要奉上礼品，长期以来形成了一条不成文的规矩。陈廷敬当了司业，毅然下令，自此之后学生不许再给长官送礼。

他做吏部尚书的时候，选贤任能，积弊悉除，投机钻营者不得进。康熙二十六年（1687），陈廷敬五十大寿。有一个布政使，是省里管理民政、财政的官员，拿着千金给陈廷敬送寿礼，并且愿意投入陈廷敬门下做门生，但是他见不到陈廷敬，就一连数日守在陈廷敬家门旁边的一个佛寺中等待，后乘夜间进入陈廷敬家中，长跪哀请。陈廷敬大怒，大声呵斥，将他赶出去。过了几天，这个人就因不法被处分。

四　惩贪倡廉

康熙平定三藩之后，社会逐渐趋于稳定，经济也逐渐恢复。但政治腐败却显得相当突出，成为亟待解决的一个重要问题。政治腐败的一个直接表现就是贪风日炽。陈廷敬对于这些政治弊端深恶痛绝，并为铲除这些弊端不懈努力。

陈廷敬针对当时政治腐败、贪污成风的情况，向康熙皇帝上《劝廉祛弊请敕详议定制疏》，强调指出："贪廉者，治理之大关；奢俭者，贪廉之根柢。欲教以廉，当先使俭。"意思是说，贪腐还是廉洁，是治理国家的关键；奢侈还是俭朴，是决定贪廉的基础。要使官员廉洁，应当先让他们形成俭朴的作风。陈廷敬认为形成贪污风气的原因，首先是官员生活奢侈，互相攀比。因而他又批评一些官员出门随从数十人，衣服车马非常豪华，耀武扬威，震惊道路。他认为这些官员在生活上挥金如土，把钱财当作泥沙，毫不珍惜，这样最容易行成贪得无厌的作风。他请求朝廷对官员的衣冠、车马、器用、婚丧之礼进行严格的限制，不得过侈，逐渐形成节俭之风。康熙皇帝接到陈廷敬的奏疏，降旨严肃指出："近见习俗奢靡，嗣后必须时加申斥，务期反朴还淳，恪循法制，以副朕敦本务实、崇尚节俭之意。"

陈廷敬分析官吏不廉洁的重要原因，不尽在于本人，也在于国家的高级官员。他深刻指出："上官廉，则吏自不敢为贪；上官不廉，则吏虽欲为廉而不可得。"这里的上官，指的是总督、巡抚，即省级以上的高级官员。他认为总督巡抚这些高官如果清廉，那么知府以下的这些亲民之官自然就不敢贪污；如果总督、巡抚这些高官不清廉，那么知府以下的亲民之官想清廉也不行。真是一语中的，揭示出政治腐败的根本所在。

陈廷敬不仅极力提倡清廉政治，而且对贪污腐败的现象深恶痛绝，惩治贪官污吏不遗余力。陈廷敬任左都御史时，铁面无私，执法如山，史书记载："先生为御史大夫，风操清重，信于天下，有不可犯之色，诸为不法者凛凛相戒，时人谓陈公笑比河清。"这一段话说，陈廷敬做左都御史时，志行品德清高庄重，取信于天下，神色严厉而不可侵犯，不法之人皆惊恐畏惧，人们说很难见到陈廷敬的笑容，见到他的笑容就好像见到黄河水变清那么难。

当时有一个云南巡抚，名叫王继文，是云南省的最高军政长官，他在平定吴三桂叛乱时，倒腾草料竟贪污军费达九十万两之多。陈廷敬奏本参劾，结果王继文立刻被罢官候审，所以贪官一时敛手，都怕自己的名字挂入陈廷敬的奏章之中。

五　改革钱币

陈廷敬在任吏部侍郎的时候，康熙皇帝下旨，要陈廷敬去管理户部钱法。陈廷敬是吏部的侍郎，康熙皇帝偏偏要让他兼管户部的事。这样的情况在历史上是前所未有的，康熙皇帝在陈廷敬的身上开了先例。

康熙前期，出现了一个特殊的情况，朝廷年年发行制钱，而市场上年年见不到制钱，没有这种小面值的制钱，货物流通就比较困难，因而引起了市场混乱，这种现象长期得不到解决。陈廷敬管理户部钱法之后，首先进行了深入的调查研究，终于发现了问题的症结所在。原来，在清代顺治年间所发行的制钱，一文重一钱二分五厘或重一钱四分，这样的制钱比较重，一两银子等于一千文制钱，一千文制钱共重八斤十二两。换句话说，就是一两银等于八斤十二两铜，而在市场上用银子直接买铜，一两银子只可买铜七斤，相差一斤十二两左右。所以，不法之徒就将制钱销毁，变成铜来卖，从中获取高额利润，导致市场上见不到制钱。针对这种情况，陈廷敬说："苟不因时变通，其弊将无所底止矣。"意思是说，如果不根据现时的情况进行改革，这种弊端将永远无法消除。

陈廷敬主张把制钱改重为轻，销毁制钱所得铜少了，没有了利润，自然就无人销毁制钱了，这是很明白的事。但是一些大臣不同意，他们认为顺治十年（1653）朝廷发行的制钱一文重一钱二分五厘，顺治十七年（1660）发行的制钱一文重一钱四分，只有废轻而改重，不能舍重而从轻。陈廷敬上疏康熙皇帝说：我想国家的政策本来就是为了人民方便。如果对人民有利，即使对国家没利，这样的政策也应该施行。何况现在改革钱币，既有利于国，又有利于民，何乐而不为呢！

最后，康熙皇帝采纳了陈廷敬提出的建议，将一文制钱改铸为一钱重，钱价终于得到了平抑。

六　整饬吏治

清康熙二十四年（1685），陈廷敬针对当时官员日益腐败的情况，向皇帝上疏，整肃吏治。在地方官员中，知府、知州、知县管理民事，与群众直接打交道，叫做亲民之官。陈廷敬说："亲民之官，其职至重"，提出对亲民之官（知府、知州、知县）的选用必须十分严格。

当时因国家财政紧张，实行捐官制度，就是个人给国家财政捐钱，由朝廷根据所捐钱数量分配官职，实际就是明码标价卖官。陈廷敬考虑这些捐来的官良莠不齐，有的甚至不识一字，于是他建议，对这些官员，必须经过考试，才能选用。考试不必考八股文，而是考有实用价值的时务策一道、判一道。考试时要严加防察，不得代请传递，徒应虚名。陈廷敬这一主张显然有利于清朝地方官吏制度的完善。康熙皇帝采纳了陈廷敬的建议。

陈廷敬又上疏指出：督抚之职在察吏，对督抚考察知府、知州、知县等亲民之官定了四条标准：一是征收赋税时不另外加征，二是征收赋税时不征损耗，三是审理案件时不贪赃，四是不剥削富裕的百姓。如果官吏的行为符合这四条标准，就称为廉能之吏，如果做不到这四条，那就是贪官。朝廷根据陈廷敬的建议，规定：以后督抚保举官员，开列实迹，如果保举不实，督抚降二级调用，司道府降三级调用。

七　关注民生

康熙二十四年（1685），陈廷敬发现当地方遇到灾害时，报灾、复核程序烦琐，往往一拖就是一年半载，百姓长时间得不到救济，不能及时解除困苦。因此，他上疏建议简化程序，加速赈灾进程。陈廷敬向康熙皇帝举了一个例子，山东省济宁、海丰、沾化三县遭受水灾，从上报朝廷到朝廷采取救济措施，中间需要经过三次循环。第一次循环，山东巡抚上报，户部答复，派人前去调查。第二次循环，山东把调查情况及应该蠲免钱粮造册再次上报，户部又答复，令分别说明地亩与受灾情况。第三次循环，山东巡抚再上报说明受灾情况确为真实，无虚报现象，然后由户部审核之后正式批准，减免钱粮。陈廷敬认为如此反复行文，费时八个月，对于灾民而言，远水救不了近火。

但朝廷办事要遵循长期以来形成的旧例，康熙皇帝曾说："国家诸务，特有成例。苟无成例，何所遵循！"可见康熙皇帝对循例办事的原则多么重视。陈廷敬为了让灾民尽快得到实惠，上疏皇帝，强烈要求简化程序，并且提出了和康熙皇帝指示相反的说法："勿循旧例为便。"

陈廷敬直言破除旧例，需要有一定的政治勇气。他的建言终于被皇帝采纳，命以后巡抚题报受灾情形，直接详细说明具体情况，户部复核无误，即准其蠲免。这样把以前申报灾情的程序由三次循环简化为一次循环，大大提高了办事效率。由此可见，陈廷敬在处理政事或向皇帝提建议的时候，常常是把人民的利益放在第一位，把民生疾苦作为改革弊政的依据。

陈廷敬在大臣中是一个正直敢言的官员，他的主张讲求实际，具体可行，史书誉之曰："公所陈，切中时弊，棘棘不苟同。"意思是说，陈廷敬的政治主张，都能切中当时的弊政，他刚直不阿，不附和，不苟同，见解独到。

陈廷敬的为政思想和主张对于康熙皇帝廉洁吏治和制定大政方针都发挥了显著的作用。

八　慎独敢言

陈廷敬对于朝廷政事，认真负责，谨慎有加，但又极讲原则，绝不怕事。康熙二十九年（1690），康熙皇帝下旨命大臣举荐清廉的官员，各位大臣都准备了举荐的人选。五月初一，康熙皇帝临朝，大臣刚进朝门，陈廷敬迈上阶梯，康熙皇帝就目视陈廷敬。等班次站定之后，康熙皇帝又数次目视陈廷敬，好像是让陈廷敬说话。陈廷敬想，自己是左都御史，论次序在六部尚书的后面，康熙皇帝没有明令让自己说话，还是按次序来吧。六部尚书开始举荐，康熙皇帝没等到六部尚书说完，就直接问陈廷敬："究竟谁是清官？"陈廷敬早有准备，上奏举荐了陆陇其、邵嗣尧两位知县。康熙皇帝就把这两个人由知县升为御史。

在此之前，陈廷敬准备举荐陆陇其和邵嗣尧的时候，陈廷敬的朋友曾经劝他说，陆陇其和邵嗣尧这两个人太过刚直，容易招怨，难免出事，恐怕将来会被连累。陈廷敬听了，不以为然，说："果贤欤，虽折且怨，庸何伤！"意思是说，如果真的是贤才，即使易招怨恨，又有什么关系？不听劝，照样举荐了这两个人。这说明了陈廷敬不是只为自己安危考虑的人，他做事情总是把原则放在首位。

陈廷敬不喜吹牛拍马，对康熙皇帝也不例外。他发现言官奏事，在奏章中连篇累牍地歌颂皇帝，认为这是一种不好的文风，所以他上疏要求言官不要一味赞颂皇帝。他说，言官的赞颂"既不足以扬盛美于万一，而于言事之体有不当然者"，意思是说，皇帝的功德记载在史书，言官的赞颂并不能增加皇帝的功德，反而不符合奏章的体裁。他又说，皇帝日理万机，这样的文章冗沓繁芜，看起来耽误时间。总之，不主张言官在奏章中大量写歌颂皇帝的言语。

陈廷敬上了这一道奏章之后，康熙皇帝很不高兴，下旨驳斥。陈廷敬没想到这一条意见，皇帝竟听不进去。面对皇帝的驳斥，他着实很吃惊。但他还是坚持自己的观点，堂而皇之地将这篇文章收入自己的文集中。这说明了陈廷敬是有主见、有原则的人，刚直不阿，对皇帝也是如此，这种品德太难得、太崇高了。

九　半饱居士

陈廷敬始终保持清廉的作风，生活非常俭朴，虽然官至宰相，但仍然很清贫。有一位故人的儿子叫乔德舆，来京师求官，住在旅馆里，求官未得。陈廷敬就婉言劝他说："你不如回去吧。"乔公子说："我回去怎么生活呢？"陈廷敬说："你有先人留下来的房屋土地，还是可以过日子的。"乔公子觉得这样太清贫了。陈廷敬说："我在京城居住，常常记着唐朝诗人陆龟蒙说的'忍饥诵书，率常半饱'的话，这也是处贫之一法。"乔公子不高兴了，就顶撞陈廷敬说："天下难道有饿死的宰相吗？"陈廷敬不想多解释，只好笑而不答。陈廷敬的门人就称他为半饱居士，于是陈廷敬写了

《半饱居士诗》，说："我自长贫甘半饱。"

陈廷敬的话并非虚言，他在京为官五十余年，年老退休时整理行囊，并无值钱的物品，只有老屋数间，准备变卖之后归老。他已至七十四岁高龄，一生劳碌，直到退休之后方有闲情外出郊游，但贵为宰相，出门竟无车坐，还要向同朝官员王方若借车。可见陈廷敬清贫到了什么程度。他生活俭朴，饮食无珍疏膏粱，一冬只吃腌菜，还甚觉有味，赋诗曰：

残杯冷炙易酸辛，多少京华旅食人。

索莫一冬差有味，菜根占得菜花春。

陈廷敬退休之后，因为朝中无人执掌内阁，康熙皇帝下令让陈廷敬重掌阁务。典籍官按他的大学士官衔为他请俸，被他坚决制止。他在诗中写道："莫以头衔溷大官，万钟一介要心安。"说他自己已经退休，享有优厚的待遇，不能再以大学士的头衔领取俸禄，只有这样自己才能心安。

在陈廷敬重掌阁务期间，其弟陈廷弼官任广东粮驿巡道，被人参讦（jié）为贪黩。遇到这样的事，陈廷敬大权在握，不难摆平。但职握枢机的陈廷敬闻讯后，根本未考虑也不考虑如何为其弟开脱，而是日夜惊恐，感慨万端，写诗告诫子孙："凭寄吾宗诸子姓，清贫耐得始求官。"他告诫陈氏家族的子孙，如果能耐得清贫，方可求官做；如果耐不得清贫，不可求官，一旦做了官必然要贪污受贿，触犯法律。这句话，实际上也是陈廷敬一生始终奉行的信条。

十　清德千秋

陈廷敬的为官之道是：清慎勤。这三个字，是他一生始终遵循的三字箴言。康熙皇帝喜欢写字，他常写"清慎勤"三个字赐给大臣，要求大臣按这三个字去做。这三个字说起来很容易，做起来却很难，很多人都做不到，但是陈廷敬做到了。在陈廷敬去世之后，康熙皇帝评价陈廷敬说："恪慎清勤，始终一节。"意思是说陈廷敬一生谨慎、清廉、勤政，自始至终都是这样，从来没有改变过。

陈廷敬的清廉，在康熙朝是非常特殊的。《清史稿》的宰辅列传说："朝旨所褒许，于玉书则曰'小心'，于天馥则曰'勤慎'，英曰'忠纯'，琠曰'宽厚'，廷敬曰'清勤'。"意思是说，在康熙皇帝的圣旨中，对康熙朝的宰相都有所褒奖和称赞。康熙皇帝称赞张玉书"小心"，李天馥"勤慎"，张英"忠纯"，吴琠"宽厚"，陈廷敬"清勤"。由此可见，康熙朝这五位宰相，康熙皇帝一一作过评价，只有陈廷敬一个人称得上"清"字，说明陈廷敬一生清廉，难能可贵，在康熙朝确实是首屈一指。

号称"扬州八怪"之一的文学家金农（1687—1763），在陈廷敬去世后十五年，仰慕陈廷敬的清德余风，写诗赞曰："独持清德道弥尊，半饱遗风在菜根。"

户部尚书是管理国家财政的最高长官，陈廷敬曾经两次做户部尚书，他手握大权却能做到两袖清风，不贪一钱。史书记载他："两为大司农，处脂不染，清操肃然。"又说："清廉虽不足以尽公，而略举数端，已足媲美杨震、邓攸无惭色矣。"意思是说，仅仅清廉这一个方面是无法涵盖陈廷敬的，仅从几件事情就已经说明，陈廷敬足以媲美东汉时期的清官杨震、东晋时期的清官邓攸，并且毫不逊色。对陈廷敬的这些评价，足以说明陈廷敬当时清廉的名声传播之广。

第九章 | 宦海惊涛
DIJIUZHANG HUANHAIJINGTAO

一 波澜初起

陈廷敬在仕途生涯中，尽管以清廉著称，但还是经历了一次重大的挫折，那就是发生在康熙年间震动朝野的张汧贪黩案，陈廷敬因为和张汧是亲家而受到了牵连。

张汧是山西高平县（今高平市）人，顺治三年（1646）进士，官至福建布政使。张汧和陈廷敬既是同乡，又是同僚，由于这样的关系，陈廷敬的次女嫁给了张汧的儿子拔贡张橚，二人结成了儿女亲家。

张汧在官场上的处事风格和陈廷敬迥然不同。陈廷敬从不和人争高低，更不攀附权贵张汧则喜欢结交权贵，他巴结当时权倾一朝的宰相明珠，和明珠的关系非常密切。张汧官福建布政使，是总管一省民政、财政的官员，由明珠引荐任湖广巡抚，成为一省的最高军政长官。

张汧在福建布政使任上亏损库银三十余万两。到了湖广巡抚任上，他为了弥补库银亏空，不断设法敛财，凡是可以搜括钱财的地方都不放过，盐商、钱局、码头都要搜刮，甚至市场上的招牌，都要按数派钱，并且借口前任亏空，命令下属官员出银抵补，搞得官员和商人都怨声载道。张汧属下的荆南道道台祖泽深，与张汧不和，两人都有后台。张汧的后台是大学士明珠，祖泽深的后台是大学士余国柱。于是两人都有恃无恐，先是互相攻击，继而互相参劾对方贪婪。

二　掩盖真相

案发之后，康熙皇帝非常重视。因为张汧是湖广巡抚，是管理一省军政的大员，他既然参劾祖泽深贪婪，朝廷就要立案审理。祖泽深虽然也参劾了张汧，但因为祖泽深官小，参的是巡抚，对一个巡抚不可能有人参就随意立案审理。因此，康熙皇帝命户部侍郎色楞额为钦差大臣，到湖广查审，第一项任务是要审清祖泽深贪赃的事实，第二项任务是要在暗中秘密察访张汧有无秽迹。

色楞额要去湖广审案，大学士余国柱嘱咐色楞额徇庇祖泽深。色楞额到湖广之后，又接受了张汧的贿赂，回来之后，百般为张汧和祖泽深开脱，隐瞒真情，欺惘不报，掩盖了二人的贪赃事实，一桩大案就这样消弭于无形。

三　大案惊天

湖广巡抚张汧，与大学士明珠私交甚密，这是众所周知的事，他恃势贪暴，监察官慑于明珠的权势，没有人敢站出来说话。这时有一个御史名叫陈紫芝，浙江鄞（yín）县人，康熙十八年（1679）的翰林。此人正直敢言，他气愤不过，就站出来说话了。

康熙二十六年（1687）十二月，陈紫芝上疏参劾：第一条，湖广巡抚张汧贪婪，黩货多端；第二条，当日保举之人，必有贿嘱情弊；第三条，户部侍郎色楞额初按不实，请一并论罪。

这一下惊动了康熙皇帝。康熙皇帝接到陈紫芝的奏章，立即下命令将张汧革职拿问，并且派出三名钦差，直隶巡抚于成龙、山西巡抚马齐、都察院左副都御史开音布前往湖广会审。

这一位于成龙并不是号称一代廉吏的于成龙。一代廉吏于成龙是山西永宁州（今吕梁市离石区）人，已经在康熙二十三年（1684）故去。这一位于成龙，比山西于成龙年龄小，是汉军镶黄旗人，也是著名的廉吏。康熙十八年（1679），山西于成龙任直隶巡抚，汉军于成龙任通州知州。山西于成龙对这位汉军于成龙赏识有加，升任两江总督时，向皇帝推荐了汉军于成龙，后来汉军于成龙也升到直隶巡抚。马齐，富察氏，满洲镶黄旗人，任山西巡抚。开音布，西林觉罗氏，满洲正白旗人，任都察院左副都御史，是都察院的副长官。

这三位钦差大臣，两位巡抚，一位副都御史，并且马齐、开音布都是满人，于成龙虽不是满人，却是汉军旗人，身份不同一般，又以清廉著名。这三位身份显赫，足与湖广巡抚张汧的身份相匹配。

四　尘埃落定

这三位钦差到了湖广，将张汧和祖泽深革职拿问，查出来张汧和祖泽深的贪污俱是事实，并且查出了祖泽深结交大学士余国柱，余国柱嘱咐户部侍郎色楞额庇护祖泽深及张汧的事实。

于成龙、马齐、开音布三位钦差审问张汧时，张汧交出了与高士奇、徐乾学、陈廷敬来往的书信，并说："我已经年老了，当一个布政使就心满意足了，根本就没有想做巡抚的意思，是高士奇、徐乾学、陈廷敬这三个人鼓动我做巡抚。"于是，于成龙等将高士奇三人给张汧的信件带回来交于皇帝。

　　康熙二十七年（1688）四月，康熙皇帝下旨："张汧、祖泽深皆系贪官，著依议完结。至保举张汧之官，俱议革职。"这样，湖广巡抚张汧共贪污银九万余两，荆南道道台祖泽深勒索百姓银八百两，均被判以绞刑。户部侍郎色楞额因查审张汧、祖泽深案时徇情失实，被判处斩刑。凡是以前保举张汧为巡抚的官员，有户部右侍郎王遵训、内阁学士卢琦、大理寺寺丞任辰旦，皆革去官职。张汧的贪黩案完结了，至于高士奇、徐乾学、陈廷敬三人与张汧有书信往来的事，康熙皇帝认为并非实据，不必追究。

五　蜚语连染

　　这时，兵部尚书张玉书，字素存，江苏丹徒（今江苏镇江）人，是清顺治十六年（1659）进士，比陈廷敬晚一年，资历与陈廷敬相近。陈廷敬此时是吏部尚书，张玉书是兵部尚书，虽然说都是从一品官，但六部的排位，吏部尚书是天官，户部尚书是地官，礼、兵、刑、工四部尚书分别以春夏秋冬为序，称为春官、夏官、秋官、冬官。所以陈廷敬在六部尚书中是吏部天官，居于首位，张玉书是兵部夏官，在六部尚书中居于第四位，远在陈廷敬之后。他看到陈廷敬卷入了亲家张汧的案件中，觉得有机可乘，为了扫清自己升官的道路，立即叫来在都察院任御史的门生，上奏参劾，说："张汧有亲戚在京为之营办，宜穷治！"这亲戚就是指陈廷敬，穷治就是说要把这件事追究到底。

徐乾学为了开托自己，便贿赂康熙皇帝左右的人，向康熙皇帝进言，说："张汧用银，又有送银子者，陈廷敬也，收银子者，高士奇也，与徐乾学实无涉。"徐乾学把自己推得一干二净，实际上明眼人一看，这句话简直就是此地无银三百两。试想，如果这件事真的与徐乾学无关，他怎么能知道这件事的机密，怎么能知道为张汧送银子的是陈廷敬，收银子的是高士奇？这恰恰说明这件事与徐乾学脱不开关系。事实上，正是徐乾学向张汧要银子，张汧的银子不凑手，徐乾学又命人参劾张汧，翻手为云、覆手为雨的不是别人，正是徐乾学。

陈廷敬在这次案件中受到了牵连，虽然没有实质性证据，但他身为吏部尚书，身居高位，遇到了这样的事，只好引咎辞职。他向康熙皇帝解释说，假如我对张汧有徇私情弊，张汧必然对我感恩，怎么会扳连我呢？我既然受到了嫌疑，必然要更加谨慎，应辞职闭门思过。同时，徐乾学和高士奇也上书辞职，一齐被解任。但康熙皇帝没有让他们回籍，而是要他们继续编修书籍，继续在南书房行走。他们仍然保留着原来的官职品级，仍然可以在南书房接近皇帝。

六　变本加厉

震动朝野的张汧案了结了，被牵连出来的三位大臣陈廷敬、徐乾学、高士奇一齐被解任，在京编修书籍。

徐乾学，字原一，号健庵，江苏昆山人。康熙九年（1670）探花，授编修。康熙二十四年（1685）进入南书房，升内阁学士。康熙二十五年（1686），迁礼部侍郎，直讲经筵。康熙二十六年（1687），迁左都御史，升刑部尚书。

高士奇，字澹人，浙江余姚人。高士奇家境贫寒，徒步从家乡来到京师，以秀才入国子监，与宰相索额图的家仆结为好友，家仆将他推荐给索额图，又由索额图推荐给康熙皇帝，入内廷供奉，迁内阁中书，享受六品俸禄。康熙十九年（1680），授为翰林院侍讲，充日讲起居注官，累升詹事府少詹事。

徐乾学学问高，文章写得好，高士奇擅长诗文，又精书法，与陈廷敬都是南书房大臣，都是受康熙皇帝重用的近臣。徐乾学和高士奇的权力欲望都非常强，他们两人，招摇纳贿，而陈廷敬却远离政治斗争的旋涡，从不结党营私。陈廷敬等三个人虽然罢了官，康熙皇帝对他们还是很信任的。

徐乾学和高士奇倚仗着皇帝的信任，根本就没有把罢官当作一回事，因为他们在京修书，天天要到南书房，在南书房就可以见到皇帝，就有可能把自己的意图通过皇帝变成圣旨。所以他们虽罢了官，却声望更盛，炙手可热，满汉大小官员都投靠到徐乾学、高士奇门下，贿赂公行。

这样过去了一年多，徐乾学逐渐觉得高士奇比自己在皇帝面前更吃香，于是产生了倾轧之心，准备扳倒高士奇。徐乾学有一同年，叫郭琇，字瑞甫，号华野，山东即墨家巷（今山东省青岛市即墨县区）人，和徐乾学是康熙九年（1670）同榜进士，因参权相明珠、余国柱，直声震天下，官至都察院左都御史。徐乾学怀恨高士奇，就指使郭琇参他。

康熙二十八年（1689）十月，郭琇上奏，罗列高士奇的罪状：不思改过，坚持作恶，表里为奸，植党营私，奸贪坏法，全无顾忌，欺君灭法，背公行私。说高士奇豺狼其性，蛇蝎其心，鬼蜮其形，其罪可杀，请朝廷将高士奇明正典刑。郭琇狠参高士奇，高士奇被撵出京城，勒令回籍。

高士奇被撵之后，徐乾学尚在京，一人独大，声势更盛。康熙二十八年（1689），都察院左副都御史许三礼上疏弹劾徐乾学："与高士奇相为表里，物议沸腾，招摇纳贿。"奏疏上去之后，徐乾学在康熙皇帝面前百般辩解。许三礼更加气愤，又罗列徐乾学贪赃之罪狠参。奏疏上达，徐乾学再难以辩驳，于是康熙皇帝让徐乾学离京回籍。

七　泾渭分明

陈廷敬、徐乾学、高士奇都是康熙皇帝身边的要人，在这一场风波中同样被波及，但清者自清，浊者自浊，泾渭分明。陈廷敬的所作所为与徐乾学、高士奇的行径形成了鲜明对比。陈廷敬处事更加谨慎，勤勉修书。近两年时间，康熙皇帝知晓陈廷敬和徐乾学、高士奇确实是完全不同的两种人。因此，康熙二十九年（1690）二月，在徐乾学被迫离京之时，陈廷敬又被起用为教察院左都御史，重新回到朝廷的重要职务上去，和徐乾学、高士奇形成了鲜明的对比。

陈廷敬虽然在张汧案这一场宦海风波中，因与张汧的亲戚关系受到诬染，但很快就得到洗雪，从此之后倍受重用，一直做到文渊阁大学士。陈廷敬为人"恪慎清勤""慎守无过"，在当时满朝官僚"三五成群，互相交结"的政治风气下，体现出他独有的高风亮节。故在高、徐受贿营私丑行败露之时，他能以自己正直无私、光明磊落、老成谨慎的政治作风，更加受到康熙皇帝的欣赏和信任，成为康熙皇帝最得力的股肱大臣。

八　倍受重用

在张汧贪黩案之后，陈廷敬、徐乾学、高士奇都被罢了官，经过将近两年的考验，高士奇和徐乾学先后被赶出了京城，徐乾学在通州码头登船南下的时候，陈廷敬已经官复原职。这标志着张汧案对陈廷敬的影响已经成为过去，陈廷敬的仕途又进入了一个新的阶段。

康熙二十九年（1690）二月二十六日，陈廷敬被起用为教察院左都御史，这是他第二次任该职。五个月后，陈廷敬又从教察院左都御史转为工部尚书，这也是他第二次任工部尚书。次年六月，又转任刑部尚书。

康熙三十一年（1692）七月二十五日，陈廷敬的父亲陈昌期病故于家乡，陈廷敬请假回籍守孝。康熙三十三年（1694）三月，陈廷敬在籍守孝期间，户部尚书出缺，内阁的大学士根据官员的资历，列出三位候选官员的名字，让皇帝挑选。康熙皇帝对他们拟选的名单看也没看，就直接下旨："需陈廷敬服满来。"但这时陈廷敬守孝尚未期满，结果户部尚书一直悬缺大半年之久。康熙三十三年（1694）十二月，陈廷敬守孝期满，除去孝服才七天，就接到了朝廷发布的陈廷敬为户部尚书的任命。这也是陈廷敬第二次任户部尚书。

十二月初二，陈廷敬急速起程就任，到达京师，参见康熙皇帝。史学家姜宸英记载了陈廷敬与康熙皇帝会面的情景说："公至，陛见，天颜欢霁，慰问宠渥。中朝士大夫皆庆君臣相得之盛，而知上之所以倚毗（pí）公者，未有涯也。"意思是说，陈廷敬到了京师，拜见了皇帝，皇帝天颜欢喜，对陈廷敬温语慰问，恩宠有加。朝中的大臣都在庆贺君臣相得的盛事，并且由此而知，皇帝要长期倚重陈廷敬。从此可以看出，康熙皇帝对于陈廷敬的为人非常欣赏。所谓君臣相得，就是说君主得到了贤臣，臣子得到了明君，君臣际会，如鱼得水。

康熙三十八年（1699），陈廷敬再次被任命为吏部尚书，这也是陈廷敬第二次任吏部尚书。康熙四十一年

（1702），陈廷敬被任命为南书房总理大臣。南书房是康熙皇帝读书的地方，朝廷很多重要的政务都是康熙皇帝与南书房大臣商量决定的。徐乾学、高士奇曾一度独揽朝廷大权，就因为他们是南书房大臣，才掌握了朝廷的权力。陈廷敬早在康熙十七年（1678）就成为南书房大臣，至此已经二十四年了，此时他又成为南书房总理大臣，说明很受康熙皇帝信任。

一 入阁拜相

康熙四十二年（1703）四月十九日，陈廷敬被任命为文渊阁大学士，这就是人们通常说的入阁拜相，陈廷敬自此正式进入内阁，成为掌钧国政的宰相。在陈廷敬任大学士期间，前后与他一起任过大学士的满族大臣有马齐、席哈纳、温达，汉族大臣有吴琠、张玉书、李光地、萧永藻。其中只有陈廷敬一人是南书房大臣，并且是南书房总理大臣，这就充分显示出陈廷敬在内阁中的特殊地位。陈廷敬从翰林一直升到文渊阁大学士，与康熙皇帝的关系达到极为密切的程度，倍受康熙皇帝的器重和信任。

康熙皇帝为什么这么信任和器重陈廷敬，这与康熙皇帝的用人标准有关。康熙皇帝用人，其主要标准是品德和才学。陈廷敬的才学在康熙朝的大臣中当然是第一流的，这无须多说。他的品德，无论在做人、行事等任何方面，与当时任何官吏相比，都有过之而无不及。他为官五十多年，平生自守冰渊志，所做的一切事情都是从忠君和利民这两方面出发。他谨言慎行，不乱交朋友，守官奉职，退则闭门，不愿妄与流俗往来。同时他还远离权势和利益的中心，在康熙年间，太子多次废立，皇子夺储，闹得沸沸扬扬，很多大臣为了攀龙附凤，为了自己的权势和利益，大都卷了进去，只有陈廷敬不为权势和利益所动，置身事外，这确实是常人很难做到的。

在康熙皇帝最信任、最器重、最亲近的三个大臣中，熊赐履是假道学，康熙皇帝后来亦对其甚为不满；张英与陈廷敬行为处事相仿，甘心自下，但晚年不慎卷入太子党争，忧惧而终；只有陈廷敬能够把持得住，首尾如一，慎守无过，所以他自始至终深受康熙皇帝的信赖与倚重。

二 比韵房姚

康熙四十四年（1705），康熙皇帝看到《皇清文颖》中所载陈廷敬写的诗，非常欣赏，又因赞其为人，便写了一首诗赠给陈廷敬，其序说："览《皇清文颖》内大学士陈廷敬作各体诗，清雅醇厚，非集字累句之初学所能窥也。故作五言近体一律，以表风度。"康熙皇帝首先称赞了陈廷敬所作的各体诗，用了"清雅醇厚"四字评语，"清雅"是说诗的词句清丽典雅，"醇厚"是说诗的内容深醇浑厚。这四个字确实是写诗的最高境界，用来评价陈廷敬的诗也是恰如其分的。初学诗的人只会堆积辞藻，拼凑字数，这样的人对陈廷敬的诗是难以全面理解的，也看不出其中的精妙之处。康熙皇帝表彰陈廷敬风度的五律是这样写的：

> 横经召视草，记事翼鸿毛。
>
> 礼义传家训，清新授紫毫。
>
> 房姚比就韵，李杜并诗豪。
>
> 何似升平相，开怀宫锦袍！

意思是说，陈廷敬作为经筵讲官，为康熙皇帝讲解经书时，把经书横陈于面前，并替代康熙皇帝草拟诏书。陈廷敬同时还是史官，他记载史事的时候，像鸿毛那样细微的事物都能概括无遗。陈廷敬的家族把礼义道德作为家训代代相传，陈廷敬挥毫写作的文章词句非常清新。陈廷敬有唐代名相房玄龄和姚崇的风度气韵，他的诗继承了李白、杜甫的优秀传统，可以和李白、杜甫并称。陈廷敬穿着宫锦长袍，多么像一个风流儒雅的升平宰相！

康熙皇帝的这首诗对陈廷敬的赞扬达到了无以复加的高度。康熙时期是我国历史上的著名盛世，陈廷敬也确实是一位盛世的升平宰相。

康熙四十四年（1705）二月，康熙皇帝第五次南巡，陈廷敬扈从，乘船从京杭运河南下。他们所用船只都是征用的民船，康熙皇帝特地将质量特别好的石家船赐给陈廷敬乘坐，说："石家船好"，并且让陈廷敬的船在康熙皇帝的御舟前面航行。

南巡途中，康熙皇帝到处蠲免百姓的租税，百姓皆欢欣鼓舞，到处是一片颂扬之声。三月十八日，南巡至苏州，康熙皇帝知道陈廷敬素来清贫，特赐银千两，所以陈廷敬写诗道："一时更拜千金赐，四海还同万户春。"在康熙皇帝向他赐银的时候，他想到的是百姓的生活得到改善，能安定和美，因此他说，四海还同万户春，时刻把自己的心情同普天下的百姓连在一起。

四月初七，南巡至杭州，康熙皇帝知道陈廷敬未到过西湖，特准假一日，让陈廷敬到湖上游览，并且考虑到皇宫中的后妃、皇子、公主众多，都在湖上游览，因有君臣名分，陈廷敬见到必然要一一行礼避让，所以特别下旨说："廷敬老臣，遇宫眷车不须避路。"这都是对陈廷敬的特殊照顾，同时也体现了一位盛世皇帝对贤臣的优待。

陈廷敬作为康熙皇帝身边的近臣，在五十多年的任官期间，受到康熙皇帝的赏赐不计其数，有貂裘、锦缎、御宴、珍味、人参、宝玩等。康熙四十三年（1704）冬，康熙皇帝赐陈廷敬貂裘一件，并且说："此裘朕所亲服，汝躯体较小，可觅良工略为裁制，务令称身。"从这些话中，我们可以感受康熙皇帝对陈廷敬的关切爱护之情，同时也可以体会到一位至高无上的皇帝的人情味和亲和力。

三 高文典册

当陈廷敬在政治舞台上不断展现其才能的同时，他在文化建设领域中也同样做出了杰出的贡献，朝廷凡有大著作，他皆为总裁官，为朝廷主持了许多文化工程，编纂了许多大型典籍，充分说明了他在经学、史学、文学、小学等方面的深厚功力。现将陈廷敬参与和主持编修的各种文化典籍介绍如下。

经学类

经学是研究儒家经典的著作，陈廷敬长期担任康熙皇帝的经筵讲官，对经学有精深的研究，他所编纂的经学书籍有《日讲四书解义》，是详细讲解四书的书籍。康熙十六年（1677）三月十三日，陈廷敬于弘德殿进讲，康熙皇帝面谕："四书已经讲完，讲章应行刊刻。"陈廷敬奉旨，将四书讲义编校刊刻成书，于十二月十八日进呈。陈廷敬以日讲官进讲儒经，年终要将讲义汇总进呈，先后汇进的讲义除《日讲四书解义》之外，还有《通鉴讲义》《尚书讲义》《易经日讲解义》等，均刊行。

小学类

小学是与大学相对应的，是解释儒家经典的学问，主要包括训诂学、音韵学、文字学。《康熙字典》是陈廷敬等人奉旨编纂的一部字典，共四十二卷，合四万七千零三十五字。这部字典，在文字学史上产生了重大影响，一是有益于清代文化的交流，促进了思想文化的发展；二是为后来字书进一步完善奠定了基础，当代的重要辞书如《辞源》《辞海》《汉语大字典》《汉语大词典》都沿用了《康熙字典》的体例。在近三百年的时间里，《康熙字典》一版再版，一直享有崇高的学术地位，成为有关祖国语言文字的必不可少的大型工具书。

史学类

陈廷敬学问渊通，是清代著名的史学家，他曾充任很多史学要籍的总裁官。并以其治学严谨、修书精勤、学识渊博而深得康熙皇帝的赞赏。他参与和主持编修的史书有十数种之多，如《世祖章皇帝实录》《太宗文皇帝实录》《平定三逆方略》《平定察哈尔方略》《平定海寇纪略》《平定罗刹方略》《亲征平定朔漠方略》《鉴古辑览》《大清会典》《政治典训》《明史》《大清一统志》等。

类书类

《佩文韵府》，陈廷敬为总裁官，康熙五十年（1711）成书。佩文是康熙皇帝的书斋名，在畅春园内，故命名为《佩文韵府》。《佩文韵府》是按平上去入四声各标其韵目，以一韵为一卷，分一百零六卷。《佩文韵府》在汇辑诗词歌赋的典故方面对前人的成果进行了一次总结，因而成为清代前期修成的一部有名的类书。《佩文韵府》在文化史上有两点值得重视的贡献，一是它作为一部辞藻汇编，可供查寻成语、典故以及一般的词语，有重要的参阅价值。二是对促进词典的发展具有积极作用。古代的词典体例，以内容分类排列，查寻很不方便，《佩文韵府》采用"以韵统字，以字系事"的系统方法，编排较为科学，成为后世编辑词典的范本。

文学类

陈廷敬主持、参与编纂文学书籍，主要有：《钦定词谱》《御选唐诗编注》《皇清文颖》等。

陈廷敬为朝廷的文化事业耗费了诸多心血，他没有为儿孙留下更多的金银财产，只留下了宝贵的万卷诗书。

四　三疏引退

陈廷敬为官清廉，慎守无过，众望所归，可谓立德；他翊赞圣治，被康熙皇帝称为辅弼良臣，可谓立功；他为我们留下了百万字的著述，被称为"燕许大手笔"，可谓立言。陈廷敬立德、立功、立言三不朽事业都做得很好，可谓志得意满，但他却一直有归隐山林的愿望，他又自号午亭山人，渴望能过上蓑衣斗笠、青鞋布袜行走于山林之间的生活。但是因为康熙皇帝对他一直十分器重，这种难得的知遇之恩使他不忍离开朝堂、离开康熙皇帝。

康熙四十六年（1707），陈廷敬已七十岁的高龄，就在这一年十一月，他向康熙皇帝提出了致仕的请求，康熙皇帝没有批准。康熙四十七年（1708）正月十八，陈廷敬再次上疏乞休，康熙皇帝下旨："机务重地，良难其人，不必求去。"意思是说，内阁是掌管朝廷机务的重要地方，很难有合适的人选，不用请求离去，不让他致仕。康熙四十九年（1710）三月，陈廷敬第三次具折请求致仕，疏未上，康熙皇帝下了让陈廷敬领衔编修《康熙字典》的圣旨，陈廷敬只好作罢。

康熙四十九年（1710）十一月十日，陈廷敬第四次上疏，以年老耳聋为由，向康熙皇帝坚请辞官。康熙皇帝无奈，只好同意了，并下圣旨："卿才品优长，文学素裕，久侍讲幄，积有勤劳。自简任机务以来，恪慎益著，倚毗（pí）方殷。览奏以衰老乞罢，情词恳切，著以原官致仕。"意思是说：你的才学和品德皆优，又富有文学素养，并且长久以来侍奉讲筵，讲授儒家经典，勤勤恳恳。自从任命为大学士，掌管朝廷机要大事以来，你更加恭敬谨慎，朝廷对你也更加倚重。看了你以衰老乞归的奏章，感到情词恳切，同意你以原官品级退休。

五　帝谓全人

陈廷敬得到康熙皇帝批准他致仕的圣旨，非常高兴，到禁苑向康熙皇帝谢恩，康熙皇帝见到陈廷敬，说："卿是老大人，是极齐全底人。"康熙皇帝说陈廷敬是"老大人"，表达了康熙皇帝内心深处对陈廷敬的敬重，自此之后，康熙皇帝就称呼陈廷敬为"老大人"。这是很难得的，特别是清代，封建社会中央集权制达到了顶峰，皇帝的权力和威严达到了无以复加的地步，皇帝能称呼一位大臣为"老大人"，这是绝无仅有的。康熙皇帝又说陈廷敬是"极齐全底人"，用了一个程度副词"极"，表示这里说的"齐全"在程度上达到了极限，是说陈廷敬是完美无缺的人。这是一位年近花甲的皇帝对陈廷敬一生人品道德和清廉作风所做出的高度评价。这种评价在清代皇帝对大臣的评价中也是独一无二的，陈廷敬在康熙皇帝心目中的地位是多么崇高。

陈廷敬听了康熙皇帝的话，非常感动，作诗二首，其中有这样的句子："平生自守冰渊志，一语阳和鉴苦辛。""冰渊"是《诗经·小雅》中的典故，《诗经》中说："如临深渊，如履薄冰。"比喻做事小心谨慎。"阳和"是指春天的温暖气候。陈廷敬这两句诗是说自己一生为朝廷的事情处处小心谨慎，尽职尽责，康熙皇帝的一句话，温暖如春，肯定了自己一生为朝廷所付出的辛劳。

六　御书褒奖

陈廷敬于康熙四十九年（1710）十一月致仕，康熙五十年（1711）二月二十二日，康熙皇帝又为陈廷敬御笔亲书"午亭山村"匾额和一副楹联："春归乔木浓荫茂，秋到黄花晚节香"，赐给陈廷敬，并且说："朕特书匾联赐卿，自此再不与人写字矣。"康熙皇帝此时五十八岁，他专门为陈廷敬写了这幅匾联，并且决定以后再不给别人写字，以表示他内心深处对陈廷敬的敬重。

"午亭山村"的匾额是康熙皇帝为陈廷敬的里第所题，午亭是陈廷敬的号。康熙皇帝为陈廷敬所题楹联，实际上也是康熙皇帝对陈廷敬的全面评价。上联："春归乔木浓荫茂。"乔木是通称高大的树木。上联的字面意思是说，春风吹来，高大的乔木浓荫茂盛，实际意思是指陈廷敬一生的功业，就如同春天的大树一样枝叶繁茂。下联："秋到黄花晚节香。"黄花是指菊花。晚节是指晚年的节操。下联的字面意思是说，秋霜降临，菊花芳菲晚节馨香，实际意思是说陈廷敬晚节昭明，如菊花一样经霜耐寒，更加芳香。这一副楹联概括了陈廷敬一生的功业和他的晚节。陈廷敬为此特地写了两首诗，其中有两句说："身是全人劳一语，香仍晚节盖平生。"对康熙皇帝称赞他是全人，表彰他的晚节，感激之情溢于言表。

陈廷敬去世后，陈氏后人在中道庄城门外修建了御书楼，将康熙皇帝御书石刻"午亭山村"匾联置于其上，落款为"康熙五十年岁次辛卯二月二十二日，赐予告经筵讲官文渊阁大学士兼吏部尚书加三级臣陈廷敬"。字为楷书，笔法端凝厚重。

七　重掌阁务

陈廷敬于康熙四十九年（1710）十一月获准致仕后，本来就可以整理行装告老还乡了，但康熙皇帝让他留京编纂诗文集。康熙皇帝一生写了大量的诗文，他委托陈廷敬为他整理编辑，陈廷敬因此暂时不能离京归里。

仅过了五个月，也就是康熙五十年（1711）的四月，康熙皇帝和皇太后到承德避暑，大学士张玉书扈从，到承德之后，张玉书暴卒。张玉书去世，李光地又告病，此时大学士尚有温达和萧永藻二人，但是康熙皇帝遍观满汉大臣，觉得没有合适的人主持阁务，看来看去，他还是看上了已经年老退休的大学士陈廷敬，于是他给陈廷敬下了圣旨，让陈廷敬重新入阁主持阁务。他知道陈廷敬一定会推辞，所以特地在圣旨中告诉陈廷敬不用推辞。陈廷敬于五月三十日接到圣旨，于六月初二又重到内阁主持阁务。已经因老病而退休的大臣再起入阁，这种情况是很少见的，这说明了陈廷敬确是康熙皇帝晚年最为倚重的元老重臣，也说明康熙皇帝在政治上对陈廷敬这位德高望重的老臣的依赖心理。

陈廷敬以七十四岁的高龄再起入阁，京城中一时传为佳话。就在陈廷敬六月初二重到内阁这一天，正好久旱得雨，普降甘霖，京城中的大臣认为这是天人感应的吉祥之兆，纷纷写诗颂扬。侍讲学士钱亮工写诗曰：

引退弥坚眷愈深，诏留元辅领朝簪。

重开汉代孙弘阁，立沛商家傅说霖。

军国平章禅圣治，阴阳燮理答天心。

民间父老遥相悉，后乐先忧直至今。

意思是说，陈廷敬越是坚决要求退休，皇帝对他恩遇眷顾的感情就越深；康熙皇帝下诏，让宰相陈廷敬重新统率朝中的文武百官。陈廷敬就像汉武帝时候的名相公孙弘，重新进入内阁；就像商代的名相傅说，一到阁中上天就普降甘霖。军国大事需要陈廷敬斟酌处理，以辅佐皇帝；陈廷敬处理政务阴阳得以协和，以此来报答天心。民间的父老乡亲知道此事，歌颂陈廷敬后乐先忧的品德，一直到今天。

陈廷敬再到阁中主持阁务，典籍官以大学士的资格为他请俸，他坚决制止了，认为自己已经退休，不应再按大学士的资格领取俸禄。陈廷敬就是这样处处严于律己，以身作则。

八　恩礼有加

康熙五十一年（1712）二月二十四日，陈廷敬突然患病，不能入阁办事。二十七日，康熙皇帝到畅春园听政，没有见到陈廷敬，就问大学士温达："陈大学士为何不见？"温达回奏说："陈廷敬偶患二便秘结，不曾来，具有折子。伊子陈壮履在外启奏。"

康熙皇帝就让陈壮履进来，详细问了陈廷敬的病情后说："二便不通，服药难效。坐水坐汤，立刻可愈。"然后将坐水坐汤之法详细告诉陈壮履，让其回去依法调治。康熙皇帝又传旨，让太医院右院判，即太医院的副长官刘声芳，迅速前去陈廷敬家为他诊治，并且以后每天要去诊视一次；又命陈廷敬的第三子陈壮履，每间隔一日到畅春园向康熙皇帝汇报一次病情。

就在陈廷敬患病期间，陈廷敬等人负责编纂的《皇清文颖》六十卷告成，陈廷敬在病榻上撰写了《〈皇清文颖〉告成进呈表》上奏康熙皇帝。可惜的是，陈廷敬的病情经多方调治，未见好转。

四月初六，康熙皇帝赐御制良药一瓶，西瓜露一瓶。初九早，康熙皇帝派身边的近臣三人到陈廷敬病榻前探视，并传旨："老大人喜食何物，令尔子壮履奏请。"陈壮履到畅春园谢恩，康熙皇帝赐哈密瓜一个、西瓜一个。哈密瓜和西瓜都产于西域，因为路途遥远，交通不便，运送十分艰难，在当时都是极珍贵的食物。四月十二日，康熙皇帝又赐糟鹿尾一盒、糟野鸡一盒、关东蜜饯红果二瓶，由御膳房官员送到陈廷敬府邸。十三日，又赐瀛台红稻米一袋。就在这一天，御医刘声芳启奏："陈大学士左腮红肿，中气甚虚。"康熙皇帝立即命刘声芳带外科御医二人，速看回奏。当时天色已晚，直到三更天，康熙皇帝仍然坐在渊鉴斋，秉烛等待御医刘声芳等人回奏病情，刘声芳回奏之后，又命刘声芳等御医，带着御制圣药前去陈廷敬府中治疗。当时已过半夜，紫禁城各重门皆已上锁，康熙皇帝命内务府总管知会兵部，速开启城门将药送往大学士陈廷敬府邸，并说，沿途如有阻拦者，记名回奏。十四日，康熙皇帝又遣大臣四人到陈廷敬榻前探视病情。十六日，又遣大臣四人前去探病。

四月十九日，康熙皇帝又命大臣四人到陈廷敬病榻前传旨："朕日望大学士病体速愈，再佐朕料理机务几年。若事出意外，大臣中学问人品如大学士可代理内庭事务者为谁？"陈廷敬——奏对。康熙皇帝又传旨给陈壮履："倘老大人身后，汝家中有何难处事否？朕自与尔做主，不必忧惧。"就在这一天晚上戌时（八点左右），陈廷敬薨于京邸。陈廷敬生于明崇祯十一年（1638）十一月二十七日巳时，薨于清康熙五十一年（1712）四月十九日戌时，享年七十四岁。

九　哀荣备至

四月二十日早，康熙皇帝尚不知陈廷敬已薨，命大臣励廷仪到寓问陈壮履："山西有杪板否？杪板用否？"杪板是杪椤树木板，是很珍贵的木料。陈壮履回奏："山西杪板不易得，多用柏板。昨晚臣父身殁，现今各处求购材木。"励廷仪回宫面奏，康熙皇帝知道陈廷敬已薨，向左右说："不意陈大学士遽尔溘逝，尚有不尽之言未得咨询。"感叹不已。然后命畅春园总管大臣董殿邦，送去紫杪板一具。紫杪板色紫而纹密，性坚而质润，斧凿才施，香闻百步，珍贵异常。

接着，康熙皇帝又向内阁及礼部传旨曰："陈廷敬夙侍讲幄，简任纶扉。恪慎清勤，始终一节。学问淹洽，文采优长。予告之后，朕眷注尤殷。留京修书，仍预机务。尚期长享遐龄，以承宠渥。遽尔病逝，深为轸（zhěn）恻！其察例议恤。"大意是说：陈廷敬素来侍奉讲筵，又任大学士掌握国家机务。他恭敬敬慎，清廉勤政，自始至终，节操如一。学问渊博，文采优长。致仕之后，我对他仍然寄予厚望，留他在京修书，参与国家机务，还期望他能够长寿，以享受国家的恩泽。没想到他突然病逝，我内心深为悲痛。内阁和礼部要为他详细察例，议定恤典。

在议恤典时，有一项内容是赐谥。赐谥在封建社会里是很重要的事情，称为"易名盛典"。康熙皇帝赐给陈廷敬的谥号是"文贞"，按照清代的谥典，道德博闻曰"文"，清白守节曰"贞"。"文"表示陈廷敬道显德尊，学识渊博；"贞"表示陈廷敬品行清白，慎守节操。

四月二十一日，康熙皇帝命皇三子诚亲王胤祉率内大臣、乾清门侍卫、满汉文武大小诸臣齐至陈廷敬府邸。诚亲王率诸大臣至陈廷敬灵前，宣读康熙皇帝写的祭文，举哀致奠，行三叩拜礼。陈豫朋、陈壮履跪接，又以御赐茶酒二器请陈廷敬的儿子陈豫朋、陈壮履饮。这是康熙皇帝慰望大臣的礼仪，陈氏兄弟自认为没有资格，不敢担当，所以固辞不饮。

四月二十四日，康熙皇帝御制挽诗一首，命南书房翰林励廷仪、张廷玉等四位大臣捧至陈廷敬灵前焚化。康熙皇帝所写的挽诗曰：

> 世传诗赋重，名在独遗荣。
>
> 去岁伤元辅，连年痛大羹。

朝恩蓁衷励，国典玉衡平。

儒雅空阶叹，长嗟光润生。

意思是说，世间都在传颂陈廷敬的诗赋为人所爱重，陈廷敬虽然故去，但身死名存独留千秋殊荣。去年刚刚为宰相张玉书去世而哀伤，紧接着今年又为宰相陈廷敬而悲痛地奉上太羹祭奠。陈廷敬作为宰相，处理朝廷政事、施行朝廷德政认真而恰当；陈廷敬掌握国家法度像天文仪器那样准确无误，公允平正。陈廷敬去世了，朝堂的台阶空空，再没有他这样博学文雅的人物了；他的光辉形象常常出现在自己的眼前。

康熙皇帝给陈廷敬的挽诗，对陈廷敬做出了全面且高度评价，同时也体现了康熙皇帝对陈廷敬的深切怀念。

十　午壁魂归

康熙皇帝又念陈廷敬立朝清节，特赐帑金一千两治丧。到了七月十六日，康熙皇帝又下旨，于八月二十四日将陈廷敬灵柩送还原籍，命行人司司副沈一揆负责护丧归葬。在途中走了近两个月，于十月二十一日抵达午亭山村。

康熙五十二年（1713）冬，在午亭山村之北一里许的静坪山为陈廷敬选择了茔地，在辟土开阡的时候，发现地下有一空洞，其中云气蒸郁，凝膏如乳，四周的墙壁上藤萝纠结，其色紫，其气味芬烈如芸，因此将陈廷敬的茔地命名为紫芸阡。康熙五十三年（1714），康熙皇帝又写祭文一篇，为陈廷敬加祭一筵，葬于午亭山村北之紫芸阡。

陈廷敬的家乡东有山岩，登岩可望月之初出，所以他将此岩命名为月岩。他家的庭院在月岩之北，站立于庭院之间，可以仰观峰岭，下瞰林壑，从白天到夜晚，可见初日上而云飞，夕烟敛而霞举，飘忽万变，赏心悦目，所以他又将月岩改为悦岩。又因为"悦"与"说"同，故又曰说岩，因以为号。在陈廷敬的一生中，用说岩这个别号的时间最长。

陈廷敬晚年以午亭为别号，自称午亭山人。午亭之名来源于郦道元的《水经注》。《水经注》说："沁水又东南，阳阿水左入焉。水北出阳阿川，南流迳建兴郡西。又东南流迳午壁亭东而南入山。"这里说的午壁亭为汉代地名，是供旅客宿食的处所。午壁亭之名，不见于志乘，以郦道元《水经注》中的记载考之，当在泽州与阳城交界之处。因此陈廷敬说："余村居近沁水，而爱午壁亭之名，故取其义以名其居，曰午亭山村。"

陈廷敬自从清顺治十五年（1658）考中进士，进入仕途，到康熙五十一年（1712）逝世，共五十四年。在五十四年的漫长时间里，他共回过三次家，第一次是康熙元年（1662），他请假回家省亲；第二次是康熙十八年（1679），他因母亲病故，回家守孝；第三次是康熙三十一年（1692），他因父亲病故回家守孝。他非常热爱自己家乡的一山一水，一草一木，写了很多歌吟家乡风景的诗词，最后他终于安息在这块土地上。

陈廷敬作为康熙皇帝最为信任的辅弼重臣，无论是生前的恩遇，还是死后的哀荣，都达到了人臣的极致，这也从另一个方面说明了陈廷敬翊赞圣治，为康熙朝做出了巨大的贡献。

一 翰苑鸾翔

陈氏家族第五世的陈天佑，是陈廷敬的高伯祖。于明嘉靖二十三年（1544）考中进士，是陈氏家族的第一位进士，官至陕西按察副使。

陈氏家族第八世的陈昌言，是陈廷敬的伯父。于明崇祯七年（1634）考中进士，是陈氏家族的第二位进士，官至江南学政。

陈氏家族第九世的陈廷敬，于清顺治十四年（1657）考中举人，顺治十五年（1658）考中进士，授翰林院庶吉士，是陈氏家族的第三位进士、第一位翰林，官至文渊阁大学士。

陈氏家族第九世的陈元，是陈廷敬伯父陈昌言之子，陈廷敬的堂兄，于清顺治十六年（1659）考中进士，授翰林院庶吉士，是陈氏家族的第四位进士、第二位翰林。

陈氏家族第十世陈豫朋，是陈廷敬的次子。康熙三十三年（1694）二十三岁高中会魁，授翰林院庶吉士，是陈氏家族的第五位进士、第三位翰林，官至湖南学政。

陈氏家族第十世陈壮履，是陈廷敬的三子。康熙三十六年（1697）十八岁考中进士，授翰林院清书庶吉士，是陈氏家族的第六位进士、第四位翰林，官至内廷供奉。

陈氏家族第十世陈观颙，是陈廷敬的六弟陈廷统之子。清康熙四十五年（1706）考中进士，是陈氏家族的第七位进士，授直隶浚县知县。

陈氏家族第十世陈随贞，是陈廷敬的七弟陈廷弼之子。清康熙四十八年（1709）考中二甲第四名进士，授翰林院清书庶吉士，是陈氏家族的第八位进士、第五位翰林。

陈氏家族第十一世陈师俭，陈廷敬次子陈豫朋之子。清雍正五年（1727）考中进士，授翰林院庶吉士，是陈氏家族的第九位进士、第六位翰林，官泗城府同知。

陈氏家族在历史上总共产生了九位进士、六位翰林，号称"翰林门第"。

二　诗书继世

陈氏家族是一个诗书世家，群星璀璨，著述繁富。

陈氏第三世陈秀，善诗词，作品由裔孙陈昌言辑为《述先草》。

陈氏第五世陈天佑，著有《容山诗集》。

陈氏第八世陈昌言，一生写了很多诗，著有诗集《东溟草》《燕邸草》《东巡草》《南校草》《山居草》《斗筑居集》。

陈氏第八世陈昌期，善文辞，著有《槐云世荫记》。

陈氏第九世陈廷敬，是清代康熙年间的文学大家，主要著作《午亭文编》被收入《四库全书》。

陈氏第九世陈元，著有《澹庵诗草》。

陈氏第九世陈廷继，著有《绵斋诗稿》《世德堂遗稿》。

陈氏第九世陈廷愫，著有《南游草》《归田诗录》《梅崌遗稿》《梅庄倡和集》。

陈氏第九世陈廷宸，著有《梅庵遗稿》《自怡草》《信口吟》《北上怡怡草》。

陈氏第九世陈廷统，著有《握兰草》《桑干集》

《镇算边防末议》。

陈氏第九世陈廷弼，著有《澧阳清田录》《王屋山庄诗抄》。

陈氏第九世陈廷翰，著有《梅庄唱和集》。

陈氏第十世豫朋，著有《濂村诗集》《幻因集》《樊南集》《且怡轩诗钞》《六友斋诗文集》《濂村经解》《濂村奏草》等。

陈氏第十世陈壮履，著有《潜斋诗集》《慕园诗草》《南垞集》《读〈书〉疏》等。

陈氏第十世陈随贞，著有《立诚堂集》《寄亭诗草》。

陈氏第十世陈观颙，著有《恤纬集》。

陈氏第十世陈咸受，著有《褊庐诗稿》。

陈氏第十世陈复刚，著有《意园近稿》。

陈氏第十世陈贲懿，著有《问津诗集》。

陈氏第十一世陈静渊，著有《悟因楼存草》。

陈氏第十一世陈师俭，著有《鹤皋诗集》。

陈氏第十一世陈师俭之妻卫氏，著《西窗晚课稿》。

陈氏第十一世陈象雍，著有《耕余草》。

陈氏第十一世陈景行，著有《仰山诗集》。

陈氏第十一世陈名俭，著有《念修堂诗集》。

陈氏第十一世陈崇俭，著有《朴轩诗集》。

陈氏第十一世陈传始，著有《兰皋诗集》。

陈氏第十一世陈师夔，著有《偷闲集》。

陈氏第十一世陈坦，著有《蝶楼诗稿》。

陈氏第十二世陈金铭，著有《自怡小草》。

陈氏第十二世陈秉焯，著有《听书楼诗稿》《潭西精舍纪年》。

陈氏第十二世陈法登，著有《袖岚诗草》。

陈氏第十二世陈法于，著有《秀野山房诗钞》《泉谱》《说泉图识》《陈氏家谱》。

陈氏第十二世陈沛霖，著有《愈愚集》。

三　清官诗人

陈廷敬的子侄辈为陈氏的第十世，共二十人，都是用易经卦名来命名的。陈廷敬的长子陈谦吉以谦卦命名，"吉"字出自谦卦初六爻辞："谦谦君子，用涉大川，吉。"陈廷敬的次子陈豫朋以豫卦命名，"朋"字出自豫卦九四爻辞："由豫，大有得。勿疑，朋盍簪。"陈廷敬的三子陈壮履以大壮卦命名，"履"字出自大壮卦大象："君子以非礼弗履。"

陈廷敬的长子陈谦吉（1656—1719），字尊士，号甘谷，监生出身。考选河南归德府河捕通判，升江南淮安府邳（pī）睢灵壁河务同知。他办事务实认真，为老百姓解除水患，办了很多实事，颇受百姓称道。

陈廷敬的次子陈豫朋，字尧凯，号濂村。康熙二十九年（1690）参加乡试，高中经魁（乡试时考生于五经中各认考一经，录取时以各经之第一名合为前五名，称为经魁）。康熙三十三年（1694）参加会试，又高中会魁（会试时录取五经中各经之第一名合为前五名，也称为会魁），被选为翰林院庶吉士，散馆后授翰林院编修，后又改为四川筠连县知县，升陕西耀州知州，又迁甘肃巩昌府的岷洮抚民同知。

陈豫朋在川陕关陇间做地方官达十四年之久，颇有政绩。史书记载他："清介自守，不名一钱。"陈豫朋为官清廉，名声非常大，朝野到处传颂。他回京之日，其父陈廷敬高兴地写诗勉励道："敝裘羸马霜天路，赖汝清名到处传。"这两句诗意思是说，陈豫朋穿着破旧的衣服，骑着瘦弱的马，行走在寒冷的道路上，这是一个清贫官员的形象，清正的美名传遍了天下。

陈豫朋内升礼部仪制司员外郎，后升为精膳司郎中；又提升为福建都转盐运使，兼延建邵道。延建邵道管辖延平府、建宁府、邵武府三府。后又奉命监督青州驻防城工，竣工后授刑部陕西司郎中兼广东道监察御史，钦命提督湖南学政。

陈豫朋八岁能诗，陈廷敬为了教他作诗，专门写了一部《杜律诗话》，为他讲解杜诗。山西著名的学问家范镐（hào）鼎在清康熙二十三年（1684）曾经到京师，与京华诸文人集会之时，陈豫朋年方十一岁，便能写诗。范镐鼎后来在编《晋诗二集》时说："先生诗才天授，不独家学有自也。"

康熙三十五年（1696）漠北噶尔丹叛乱，康熙皇帝御驾亲征，扫荡漠北，得胜而还。当时陈豫朋考中翰林不久，正是少年才俊，先后写了五言排律四十韵、律诗十六章歌颂康熙皇帝亲征胜利，在京城引起了轰动，大文学家姜宸英记载说："都下传诵，为之纸贵。"

陈豫朋诗宗法谢灵运、谢朓和杜甫，得其精髓。姜宸英评其诗曰："典赡有风，则媲美燕许；诗格整丽，叙事详核，大历才子之遗调也。"

四　潜斋学士

陈廷敬第三子陈壮履，字礼叔，号幼安。少时聪颖，能诵《诗经》和《易经》。康熙三十五年（1696）中举人，康熙三十六年（1697）中进士，选翰林院清书庶吉士，当时才十八岁，是陈氏家族的第六位进士、第四位翰林。

陈壮履少年才俊，很受康熙皇帝的赏识，很快就升为日讲起居注官，负责记载皇帝的言行；又升为翰林院侍读学士，职在为皇帝讲读经史，备顾问；又升为内廷供奉，成为康熙身边的近侍之臣。

陈壮履文名满天下，人称潜斋学士。他力承家学，素擅鸿词。著有《潜斋诗集》《慕园诗草》《南垞集》《读〈书〉疏》等，并且参与了编修《康熙字典》《古文渊鉴》等大型典籍。号称"扬州八怪"之一的文学家金农就是陈壮履的忠实追随者。

陈廷敬的六弟陈廷统之子陈观颙，后人为避清嘉庆帝颙琰讳改为观永，字安次，号蓉村，一号柑亭。清康熙三十五年（1696）考中举人，四十五年（1706）考中进士，授直隶浚县知县。陈观颙终年四十五岁，著有《恤纬集》，是陈氏家族的第七位进士。

五　翰林隐者

陈廷敬的七弟陈廷弼之子陈随贞，字孚嘉，晚号西山老人。随贞以随卦命名，"贞"出自随卦卦辞："随，元亨利贞，无咎。"清康熙十四年（1675）八月初九生，卒年不详。清康熙三十五年（1696）考中举人，四十八年（1709）考中二甲第四名进士，授翰林院清书庶吉士。他是陈氏家族的第八位进士，第五位翰林。

陈随贞考中翰林不久，就请假回乡，不再赴任，过起了隐居的生活。他在阳城县城东北二里许的青林沟修建了别墅，引水造舟，栽花种竹，亭台工丽，极一时之盛。他喜山居，从不入城市，潜心学问，诗酒潇洒以终。史书记载他："天资俊逸，学问宏深。"

陈随贞他长于书法，宗法董其昌，得其精髓。著有《立诚堂集》《寄亭诗草》。清代徐昆的《柳崖外编》记载了一个真实的故事，说陈随贞温文尔雅，诗酒之外擅长书法，宗法明代著名书法家董其昌，每有书法作品，在后面落款时常写董其昌的名字。十余年后他到京城去，见到一本董其昌的帖，非常喜爱，花五百两银子购得，认为是董其昌书法中的最佳作品，回来细细赏玩了几天，才发现原来是自己所写的，因为他在后面落了董其昌的名字，所以自己也辨别不清。可见陈随贞的书法，与董其昌的书法何其神似。

六　相国赠联

陈氏家族的第十一世，即陈昌期的曾孙辈，也就是陈廷敬弟兄八人的孙辈，共三十八人。在此三十八人中，有进士一人，举人六人。

陈豫朋的长子陈师俭（1699—1728），字汝贤，

号鹤皋。清雍正元年（1723）考中举人，雍正五年
（1727）考中进士，授翰林院庶吉士。他是陈氏家族的
第九位进士、第六位翰林。

他虽考中翰林，但未到翰林院任职，因为当时西
南地区正在改土归流。这些地区属于少数民族地区，原
来由土司管辖，雍正五年（1727）实行官府统一管理，
以加强中央对边疆少数民族地区的统治，称改土归流。
土就是少数民族的土司，流就是朝廷派遣的流动的官
员。改土归流需要一大批人员充实地方官员，所以陈
师俭就被派去做广西泗城府同知。陈师俭做了泗城府
同知后，次年就病故了。终年二十九岁，著有《鹤皋
诗集》。

陈师俭是陈氏家族的最后一位进士，也是最后一位
翰林。他在雍正五年（1727）考取进士，入选翰林院庶
吉士之后，拜见了当时的文华殿大学士兼吏部尚书田从
典。田从典是阳城人，清康熙二十七年（1688）进士，
他是清代雍正年间的大学士，号称清白宰相，很受雍正
皇帝的信任和倚重。他与陈氏家族有通家之好，陈师俭
去拜见他，他即为陈氏宗祠题写了一副楹联："德积一
门九进士，恩荣三世六词林。"

七　闺阁双秀

陈氏家族留有诗作到现在的女诗人有两位，一位是陈廷敬的孙女、陈豫朋的长女，另一位是陈廷敬的孙媳妇、陈豫朋的儿媳妇。

陈廷敬的孙女、陈豫朋的长女，名叫陈静渊，生活在清代雍正、乾隆年间，生长在诗书世家，从小便受到了极好的文学熏陶。陈静渊成年后嫁给父亲同僚好友的儿子卫封沛。

卫封沛是贡生，年少而富有才华，与陈静渊婚后生有一子。陈家与卫家门当户对，陈静渊嫁给卫封沛可以说是美满姻缘。不料横祸飞来，卫封沛忽患癫痫病而死，陈静渊成了寡妇。寡居的生活，非常凄苦，陈静渊总是多愁善病。陈豫朋作为父亲，当然能体会到爱女的苦衷，只好想方设法安慰她。说"悟却前因，万虑皆消"，意思是说，你只要领悟到人生的命运都是前生种下的因由，一切杂念就都能够消除。又为她居处之楼题额曰"悟因楼"，叮咛她说："宜常体吾心，遣却愁怀，莫役神思。"意思是说，你要常常体谅我的心情，排遣愁绪，不要枉费神思。陈静渊秉承父命，每日吟诗教子，怎奈天长日久，愁绪纷纭，于病中赋《悟因楼》，诗云：

> 悟却前因万虑消，今朝谁复计明朝。
>
> 只怜欲遣愁无力，憔悴形容暗里凋。

意思是说，事情都是在前生就种下因由的，只要能领悟出来这个道理，就能万虑皆消，今天谁还要去想明天的事情呢？但是自己却总是没有力量把心里的愁苦排遣掉，本来就显得憔悴的面容就像花草一样不知不觉就枯萎凋零了。

陈静渊一生在愁病中度过，诗写个人情怀，缠绵悱恻，几乎篇篇都说愁，体现了她凄苦孤寂的内心世界。清代诗人李牧坪这样称赞她："以礼自持，以诗自适，清节高风，尤富贵家闺中所难，同巾帼高士也。"

陈氏家族的另一位女诗人是陈廷敬的孙媳妇，陈豫朋的儿媳妇，陈氏的最后一位翰林陈师俭的妻子。她的娘家也是泽州大箕的卫氏，按古来的习惯，称她为陈卫氏。

陈师俭做了广西泗城府同知，是正五品官，因此陈卫氏有了五品诰命宜人的封号，成为朝廷命妇。陈卫氏早年孀居，诵诗书，习礼法，教育嗣子。她的诗仅留存下来一首《岁寒课子》，诗曰：

> 梅花独放岁寒枝，夜静机窗罢织时。

寂寞深更人不寐，青灯黄卷课孤儿。

陈卫氏知书达理，在陈氏家族中很有威望。先人的祠堂、坟墓、园林、亭台，她终身守护。当时陈氏家族已经衰落，她家虽贫穷，但门庭肃然。族人有疑难事，皆来向她请决，她为之陈说道理，无不允当。历数十年如一日，被陈氏族人称为"女宗"。女宗即指女子的楷模。陈卫氏善书工诗，著有《西窗晚课稿》。西窗晚课，青灯黄卷，是一个勤学苦读的才女形象，是她一生孀居生活的真实写照。她死后，其堂侄陈秉焯有《挽从伯母卫宜人诗》，云：

櫱苦冰寒四十年，支撑门户间英贤。

坚心看老鱼山柏，清响听残鹤圃泉。

教子教孙几斗泪，一姑一息每弓田。

深闺曾睹先生席，白发青灯有蠹编。

陈氏家族作为诗书世家、文化巨族，女诗人绝不止此二人。据记载，陈随贞的女儿也能诗，只是诗作没有留传下来。

八　诗律传芳

在陈廷敬的曾孙辈，陈氏家族第十二世的诗人中，较为突出的是陈秉焯和陈法于。

陈秉焯，字亮宇，号明轩，是陈廷敬的二弟陈廷继的曾孙，泽州府学廪生。史书记载，陈秉焯为人豪爽，为鲁仲连、李太白一流人物，与之交往，如同饮醇酒一般，令人心醉。他到济南游历，高级官府争相延请他做幕僚。陈秉焯在济南与文学家桂馥等人结为好友。桂馥，字未谷，山东曲阜人。清乾隆五十四年（1789）二月，陈秉焯与桂馥等人同游济南的五龙潭，看到此处山清水秀，草木葱茏，于是他们就在此处修建了房屋，叫作潭西精舍。陈秉焯和桂馥在这里联床夜话，写诗唱和。当时的诗坛领袖、著名文学家翁方纲也进入他们的行列，在一起唱和。陈秉焯中年以后，投身于治河工程，官山东河工闸官，在衡家楼筑堤，死于工地。他平生抱负不凡，有经世济物之才，作诗乃其余事，著有《听书楼诗稿》。诗论家延君寿评他的诗："如春云出岫，姿态横生，专门名家，恐未能过。"

陈法于，字金门，陈廷敬之曾孙，陈豫朋之孙。他身材短小，目光炯炯有神，口虽微吃而谈锋甚利。他家学有自，早岁便能诗。他在考中秀才之后就不再参加科举考试，足不入城市，有古代隐者的风范。他在先人旧园内修筑小轩，栽花种竹，请王炳照为他命名。王炳照看到他的小轩草木清华，便想起了苏东坡"花木秀而野"的诗句，于是把这座小轩命名为"秀野山房"，并为他题了匾额。他在这里读书吟诗，甚为自得。陈法于著有《秀野山房诗钞》，他与当时阳城诗人张晋、延君寿、张为基情谊最笃，风雨联床，吟咏酬答，号称"骚坛四逸"。他们四人组织了樊南诗社，当时参加樊南诗社的诗人达十五人之多，可以说是一时之盛事。

陈氏家族素有诗学传统，出现了陈廷敬这样康熙诗坛上的大家，并带动了陈氏几代人，诗律传家，播芳后世。

第十二章 宰相家风

DISHIERZHANG ZAIXIANGJIAFENG

在康熙皇帝赐大学士陈廷敬的诗中有这样的句子：
"礼义传家训。"这是说陈廷敬的家族是一个礼义之家。
这个礼义之家家风的形成，靠的是陈氏家族世代相传的
雅训良规。陈氏家族的家训，身教言传，教育激励着一
代一代的陈氏后人，使陈氏家族成为一个礼义之家。

一　雅训传家

陈氏的三世祖陈秀在任西乡县典史时，寄给儿子
三首律诗、三首词曲，这些诗词后来成了陈氏家族的家
训，给陈氏后人指引了一条正确的发展方向，成为陈氏
后人居家立身之本。陈廷敬的伯父陈昌言说："创造我

们这一个诗书世宦之家，就是从三世祖陈秀确立家训开始的。"

陈廷敬做官之后，不仅自己洁身自好，而且特别注重教育家人后辈保持清廉之风，他写的一些教育子弟的诗，也成了陈氏家训的重要组成部分。

家训精选之一　陈秀

〖原文〗百岁光阴易掷梭，痴儿莫得等闲过。

〖译文〗人生百年光阴消逝如同抛梭，痴心儿子莫把时光随便度过。

〖主旨〗人生易老，珍惜时光。

家训精选之二　陈秀

〖原文〗起家绍业由勤俭，处事交人贵缓和。

〖译文〗继承祖宗基业要靠勤劳节俭，为人处事交友贵在厚道缓和。

〖主旨〗勤俭持家，缓和处世。

家训精选之三　陈秀

〖原文〗酒饮三杯须用止，书攻万卷未为多。

〖译文〗酒饮三杯即止，免得贪杯误事，诗书努力攻读，万卷不能算多。

〖主旨〗少贪杯，多读书。

家训精选之四　　陈秀

〖原文〗诗书勤讲读，财利少贪求。

〖译文〗诗书要用心勤奋讲读，财利不可一意贪求。

〖主旨〗勤读诗书，莫贪财利。

家训精选之五　　陈秀

〖原文〗浊酒休酣饮，闲街莫浪游。

〖译文〗遇酒莫要开怀痛饮，到大街不要四处闲游。

〖主旨〗节制宴乐，禁止游荡。

家训精选之六　　陈秀

〖原文〗清勤爷自守，孝友在儿为。

〖译文〗清廉勤政我自遵守，孝顺友爱却要儿为。

〖主旨〗为官清廉勤政，在家孝顺友爱。

家训精选之七　　陈秀

〖原文〗享浊富徇利亡身，怀私心违天害理。

〖译文〗享受不义之财，会因为利益丧失性命；心
存私欲杂念，会违背天意伤害天理。

〖主旨〗不享浊富，不存私心。

家训精选之八　陈秀

〖原文〗修职业要如清献，不贪财欲比元之。

〖译文〗做事业要像铁面御史赵清献，不贪财要像翰林学士王元之。

〖主旨〗为官要铁面无私、不贪一钱。

家训精选之九　陈昌言

〖原文〗修齐敦睦，追本溯源，和气致祥，家室绵延。

〖译文〗修身齐家更应亲厚和睦，不忘祖宗时常追本溯源，和平之气可致百福千祥，家庭家业自然昌盛绵延。

〖主旨〗修身齐家，亲厚和睦。

家训精选之十　陈昌期

〖原文〗读圣贤书，当实存诸心而见之行事。

〖译文〗读圣贤的书，应当把圣贤的思想牢记在心里，体现在自己的行动上。

〖主旨〗读书明理，重在践行。

家训精选之十一　陈廷敬

〖原文〗更得一言牢记取，养心寡欲是良规。

〖译文〗更有一句名言你要时刻牢记，为人处世养心寡欲乃是良规。

〖主旨〗修养内心，减少欲望。

家训精选之十二　陈廷敬

〖原文〗凭寄吾宗诸子姓：清贫耐得始求官。

〖译文〗告诫宗族中的子孙后辈：只有耐得清贫才有资格求官。

〖主旨〗耐得清贫，方可求官。

陈氏家族的家训，身教言传，鼓舞激励着一代一代的陈氏后人，使陈氏家族成为一个礼义之家。

二　先贤垂范

陈家家族有了家训，便有了立身处世的规矩，陈氏先辈皆谨慎自律，言传身教，出现了不少值得称颂的典型仪范，给陈氏的后人和乡里做出了榜样。陈廷敬曾在《陈氏家谱》后题诗曰：

> 侧闻长老训，诸祖称豪贤。
>
> 披籍阅往代，叹息良复然。
>
> 诚词炳星日，志气薄云天。
>
> 处士及吏隐，一一皆可传。
>
> 淳休被邑里，声华如蝉联。

缅维卜东庄，始自宣德年。

耕稼三百载，风义桑梓前。

小子耻甘肥，食利忘所先。

惕然从中惧，勖哉以无愆。

大意是说：我恭敬聆听长老的训诲，知道列位先祖都可以称为贤德之人。翻阅历代先人留下来的文字，使我被感动得不禁反复叹息。先祖告诫后人的家训有如星日光辉，先祖的志气真可上薄云天。不论是隐居于乡或是为官为吏，其事迹都可以代代留传。淳朴的风气覆盖着乡里，声望光华相继而不绝。遥想我的祖先选择东庄（指中道庄，因在郭峪村之东，故亦称东庄，即今皇城）定居，开始宣德年间。在这里耕田种地已经将近三百年，风慨高义流布于乡里民间。我现在能够享受美好的生活，怎么可以忘记创业的祖先！心中忽然产生了戒慎恐惧的思绪，要以此勉励自己奋发努力，避免过错。

陈氏先贤如陈秀、陈天佑、陈修、陈三乐、陈经济、陈昌言、陈昌期等，都是品德高尚、乐善好施、友爱乡邻、垂范后世的优秀人物，他们的嘉言懿行激励着后人，成为后人的榜样。

三 尊儒重道

儒家学派及其政治主张和思想体系，是关于社会伦理道德的学问，要求人的自我修养要达到最高境界，止于至善。古代的读书人，主要是攻读儒经，即四书五经。攻读儒经不仅仅是获得了一门学问，更主要的是思想道德的养成。陈氏家族，世代业儒，把学习儒经当成了一生的大事。陈氏家族尊儒重道的思想体现在各个方面，比如说命名。陈廷敬的原名是一个"敬"字，叫陈敬，这个"敬"字就体现了儒学的主敬思想。《易经·坤卦》说："君子敬以直内。"意思是说，君子通过恭敬谨慎来矫正思想上的偏差。他的字是"子端"，"子"是虚字，"端"有两层意思，一是正，不偏斜；二是直，不弯曲。"子端"这个字反映了主敬思想的内在含义。

陈廷敬是著名的理学家，他十分强调躬行，即用自己的实际行动说话，不崇尚空谈。他说："与其言而不行，宁行而不言。君子以身言，小人以舌言。故欲知其人，观其行而已，言未可信也。"强调行与言相比，行比言更加重要，"以身言"还是"以舌言"，是区分君子与小人的关键，观其言行，可以识人。他认为躬行的真正含义，就是按程朱理学的思想规范自己的行为。理学有真理学与假理学之分，表里如一，日常行事合乎伦理道德的理学是真理学；表里不一，日常行事不合乎伦理道德的理学是假理学。真理学把理学作为人生理想的最高追求，而假理学把理学作为换取高官厚禄的敲门砖。陈廷敬言语不多，但视听言动处处按理学的要求循规蹈矩。在他的一生中，很难找出错误。李光地对陈廷敬的行事极其叹服，他说："泽州之慎守无过，后辈亦难（达）到。"陈廷敬关于注重躬行的论述，也成为陈氏家族行事的准则。

陈氏家族不仅在观念上处处体现理学的思想，在行为上更是处处以程朱理学约束自己，低调做人，高标处世。陈氏家族原来没有家谱，陈廷敬的父亲陈昌期决定让陈廷敬执笔编修家谱，并告诉陈廷敬：修家谱的时候，世人往往攀附古代名人作为自己的祖先。我们不要这样做，只按我们近代的实际情况写就行了。宋代名将狄青，出身微贱，但与西夏打仗，屡建奇功，被范仲淹重用，后来官至枢密使，相当于副宰相，执掌兵权。当时有一位唐代名相狄仁杰的后代，拿着狄仁杰的画像献给狄青，说你是狄仁杰的后代，狄仁杰也是你的祖先。狄青回答说，我不过是一时际遇，碰上好运气，立了一些功劳，怎么敢去攀附狄梁公啊？后来，人们把他的话当作至理名言。五代后唐有一位郭崇韬，也出身微贱，后来做了大官，位兼将相，他为了美化自己，自认唐代名将郭子仪为祖先，到郭子仪的墓上号啕大哭，这种弄虚作假、攀附名人的行为被后人引为笑柄。陈昌期告诫陈廷敬不必妄攀名人为先祖，反映了他不尚浮华、求真务实的思想。

陈廷敬的父亲陈昌期认为，读书应当以立品为先，次及举业。他说："读圣贤书，当实存诸心而见之行事。"意思是说，读儒学的经书，要把圣贤的思想牢记在心里，并时刻付诸行动。陈廷敬说："古人读书，直是要将圣贤说话实体于身心"，也是强调要把圣贤的话体现在自己的思想和行动中。他又说："今童蒙初学读书，未有不取《大学》熟烂诵习者，其后果能行得一言一字否？父师之所以教，子弟之所以习为作文辞，取科名之具而已。"意思是说，现在的学者虽然把《大学》读得烂熟，但却不把"一言一字"付诸行动。这样读书，只不过是把读书当作科举考试获取功名的工具而已。他认为，如果这样读书，和不读书没有什么两样。所以陈氏教育子弟，首先要求子弟树立美德，把书中的道理化为行动。陈廷敬晚年还在思考，父亲所说的"读书以立品为先"，不仅读书、应举、写文章是这样，而且修养身心的道理也与此相近，当以立品为先。所以他写诗说："立品以读书，吾先子明训。小子益一语，养身理相近。"

陈氏家族崇尚孝悌之道。陈廷敬的祖父陈经济，其父去世，他悲伤过度，史书记载他"哀毁骨立"。母卢氏在堂，早晚探视，必亲必诚。先人所遗资产，全部平均分给诸弟，无一点私心。孝友传家，成为乡里效法的榜样。陈廷敬为了对子弟进行孝悌思想教育，还专门编写了《孝经刊误述释》一书，作为家塾中的教材，让陈氏子弟学习。由此可见陈氏家族儒学教育情况之一斑。

四　耕读并举

陈氏家族是典型的耕读之家。陈廷敬说："吾家自上世已来虽业儒，然本农家，衣食仅自给。"陈廷敬在《谱牒后书》诗中有句曰："缅维卜东庄，始自宣德年。耕稼三百载，风义桑梓前。"其中"耕稼三百载，风义桑梓前"两句，明确指出陈氏有三百年的农耕历史。当时人记载，清初陈昌言的同僚阳城人白胤谦在《题陈泉山侍御止园》诗中说："此山富泉石，下有幽人宫。耕稼百余年，淳朴多古风。"也说陈氏以农耕为业。陈氏的产业只有房屋、土地和羊群，并没有商铺、钱庄、工场、作坊等。由此可见，陈氏家族是名副其实的农家。

陈氏的始祖陈靠就是以牧羊耕田为生。在陈氏的祖祠中，供奉着陈氏始祖陈靠的画像，是牧羊人的打扮装束，手里拿着放羊的鞭子。这说明陈氏家族在思想上不以农耕牧羊为低贱之事，因此他们始终保持着耕读并举的家风。从始祖陈靠、二世陈林、三世陈秀、四世陈珙、五世陈修、六世陈三乐、七世陈经济，发展到八世陈昌言、陈昌期、陈昌齐弟兄三人，陈氏经过了八代三百年的辛勤耕稼，成为方圆百里的富户巨族，到了非常兴旺的阶段，但他们仍不放弃耕读传家的本色。

陈氏先人深知积学储宝，学可医愚，非常重视读书，屡屡勉励后人勤读诗书，书攻万卷未为多。陈氏族人都是先读书，力争考取功名，实在考不上，就从事农耕生产，并且亲自参加生产劳动，半耕半读。陈氏相传，乡人中有富贵败落之家的子弟，愚不可及，甚至拿着金碗讨饭，而不知金碗可换钱，这都是因为不读书的缘故。故陈氏族人即使不求取功名，也以读书为乐，以诗书自娱，故而出现了众多的诗人，成为中国清代文化巨族。

陈氏坚持耕读传家，亲自劳作，深知一粥一饭来之不易，养成了勤劳俭朴的优良习惯，特别崇尚节俭。陈氏的六世祖陈三乐，将他的女儿嫁给了明代吏部尚书王国光之孙王于召。王国光是明代著名的政治家，是张居正改革的得力助手，是明代阳城县官职最高的人。王氏家族是阳城白巷里的大户，方圆有名的官宦之家。陈三乐能和王国光的儿子攀亲，成为儿女亲家，说明当时陈氏家族的声望已非同一般。但是陈三乐仍然节衣缩食，自奉俭约，不讲究排场体面，家中甚至还没有接见宾客的厅堂，待人接物都在家门前的大槐树下，由此可以想见陈氏一贯勤劳节俭、朴实无华的生活作风。陈廷敬之父陈昌期说："余以耕读摄家政，铢积寸累，薄成基业"意思是他们的家业是靠勤俭持家、细水长流，一点一滴积累起来的。

陈氏耕读并举的家风使陈氏族人形成了安贫乐道、不追求富贵的高尚品质。陈廷敬弟兄几人都在外做官，只有二弟陈廷继在家中主持家政，过着耕田读书的生活。他平时衣着朴素，绝无纨绔子弟的奢华习惯，出门在路上行走，衣着打扮和平民没有两样，遇到他的人都看不出他是贵家公子。陈廷敬的孙媳妇、翰林陈师俭的妻子陈卫氏，被封为五品诰命宜人，是朝廷命妇，知书达理，被陈氏族人称为"女宗"，她还经常亲自和儿子到田里辛勤劳作，自食其力。

五　积德行善

《易经》有言："积善之家，必有余庆；积不善之家，必有余殃。"陈氏有"觅几文本分钱休悭休侈"的祖训，意思是要挣本分干净的钱，不要吝啬，也不奢侈。所以陈氏历代祖先虽然自奉节俭，但在周济别人之时，却从来没有吝啬之意，广施钱财，乐此不疲。

陈氏的五世祖陈修，乐善好施，乡亲有急难来求他，他总要出钱出粮相助，从不推托。乡亲欠了他的债，如果偿还不了，他就焚烧债券了账。陈氏的六世祖陈三乐，是一位远近闻名的大善人。每遇到灾荒年，他自己常常节食减用，尽力接济饥民。他经常坐在家门前的大槐树下，备下茶饭招待过路的行人。人们遇到为难的事情，就到这里来找他，他会立即想办法帮助解决，一定要让对方满意；即使他自己偶然有困难，一时不便，也要想尽办法满足对方所求，不让对方不欢而去。陈三乐死后，老百姓都说："天不留公，吾侪如失慈父母！"后来陈廷敬的父亲陈昌期专门写了一篇文章《槐云世荫记》，歌颂了陈三乐乐善好施的美德，并且表示要把这种品德继承下来，世代相传。

陈廷敬的父亲陈昌期，治家谨严，勤俭节用，和他的先辈一样，常以钱粮周济族人和乡亲。明末兵荒马乱之际，陈昌期尽发家中储存的粮食解救百姓。每逢饥年，必拿出家里的钱粮救灾，只要饥民来借粮借钱，没有不答应的，也不要求偿还。百姓依靠陈昌期的周济生存下来的，不下数百家，皆感其恩德。陈昌期积德行善的名声很大，传得很远。特别是他在清康熙二十七年（1688）和康熙三十一年（1692）的两次发放钱粮，焚烧债券，倾尽自己家中所有赈济贫民。康熙二十八年（1689）大旱，山西灾荒严重，朝廷发国库银救济，而泽州百姓已得到陈昌期的赈济，所以将朝廷的拨款留存下来以备荒年。大学士王熙在《泽州陈太公捐逋惠民记》中说：近来关中因灾荒告饥，朝廷除了拨款赈济之外，又转运襄阳之粮食到关中，需要关中的流民自己运输回去。假使在秦陇之间能有像陈昌期这样的人，出钱粮救济乡里百姓，足以解救百姓的燃眉之急，可惜没有这样的人。所以他称赞陈昌期说："今太公有其德而不居，若唯恐人知者，岂不同于寻常万万哉！"意思是说，陈昌期有这样的功德而不自居，还恐怕世人知道，是和寻常之人万万不一样的。

进入雍正、乾隆时期，陈氏家道中落，但积德行善的传统仍然不稍减。陈廷敬的侄孙陈汝枢，字环中，"刚方笃实，见义必为"。凡是关于乡党的事，无不任劳任怨。即使是关系疏远的乡民，周济体恤无微不至。乾隆五十七年（1792），"岁大饥，人相食"，陈汝枢就减少自己家中的饮食，用来救济贫苦的人。史书称赞他："无积而能散人，以为难能云。"意思是说，家里没有储积，而能把自己的口粮分发给众人，是常人难以做到的。

六　清正廉洁

陈氏自三世祖陈秀进入仕途，就十分注重清廉自守，并且留下家训，传示后人。陈秀教导子弟说："诗书勤讲读，财利少贪求。"要求子弟勤奋读书，不要把心思用在贪求财利上。又说，"清勤爷自守""浊富非吾志"，既是自明心志，又是现身说法，教育子弟坚守清操。并且告诫他们，"享浊富徇利亡身，怀私心违天害理"，进一步要求他们"修职业要如清献，不贪财欲比元之"。陈氏家族有这样的雅训良规，造就了陈氏一代一代的读书人，为人处事，时时把清正廉洁的品行放在首位。陈廷敬从小受到良好的教育，做官之后，父母经常告诫他不能有贪心，要求他"慎毋爱官家一钱"。陈廷敬把父母的话牢牢记在心中，每每想到父母的教诲，往往失声痛哭。到了晚年，他检点自己一生，清廉自守，总算没有辜负父母的期望。

　　陈廷敬不仅自己洁身自好，而且特别注重教育家人后辈保持清廉之风。他的弟弟陈廷弼出任临湘（今湖南省临湘市）知县，他写诗嘱咐曰："宦途怜小弟，慎莫爱轻肥。"意思是说，小弟在宦途中，千万要谨慎，切莫羡慕轻裘肥马那样的奢华生活，要其保持俭朴的作风。他还常教导儿子陈壮履："更得一言牢记取，养心寡欲是良规。"也是要儿子清心寡欲，克己自守。他的次子陈豫朋由翰林院编修改为四川筠连县知县，升陕西耀州（今陕西省铜川市耀州区）知州，又迁甘肃巩昌府的岷洮抚民同知，在川陕关陇间做了十四年地方官，颇有政绩，清名远扬。豫朋回京之日，陈廷敬高兴地写诗勉励道："敝裘羸马霜天路，赖汝清名到处传。"他为子孙定了规矩，说："凭寄吾宗诸子姓，清贫耐得始求官。"他告诫陈氏家族的子孙，如果能耐得清贫，方可求官做；如果耐不得清贫，不可求官。这句话，成为陈氏后人入仕求官不可逾越的铁律。

　　陈廷敬之孙、陈豫朋之子陈名俭（1714—1771），字以彰，号改庵，一号雅堂，清乾隆甲子（1744）举人，著有《念修堂诗集》。他到四川省筠连县任知县，筠连县曾经是其父陈豫朋做官的地方。陈豫朋做了七年筠连县知县，博得了很好的官声。筠连县人原来不懂得种植小麦和栽种桑树，陈豫朋任筠连县知县时，亲自教百姓学会了这些技术。筠连县的百姓铭记不忘，陈名俭上任后，仍然传颂着陈豫朋清廉爱民的事迹，陈名俭有感于此，写了《筠连署中即事，寄呈家大人》的诗：

> 凤缘未了又重临，捧檄谁知陟岵心。
>
> 两世褰帷成故事，七年遗爱入讴吟。
>
> 亲栽宿麦敷膏壤，劝树柔桑蓄茂林。
>
> 何必远稽循吏传，家藏治谱是官箴。

大意是说，凤缘未曾了，我又来到筠连县做官，谁能够知道我思念父亲之心。我们父子两世撩起帷幔视察民情成为故事，父亲七年留下遗爱，民间传颂进入歌吟。亲自教百姓栽种小麦广布于肥沃的土地，勉励种植柔桑养育成茂密的树林。何必要去查考古代优秀官吏的传记，家中父祖留下理政的事迹就是做官的戒规。

陈名俭又到筠连县附近的珙县任知县，珙县的百姓尚在传颂陈豫朋在筠连县任知县时，珙县遭受水灾，陈豫朋捐出俸禄前来赈济珙县百姓的事迹。陈豫朋和乐平易的风范，珙县的百姓仍然记忆犹新，口碑不绝。陈名俭之弟陈崇俭写诗曰："高堂曾此驻行旌，恺悌如今尚有名。"意思是说，自己父亲的曾经在这里停驻，和乐平易的风范至今仍然留有美名。

清廉，不仅要不贪财，也要不贪位。陈廷敬在居官期间，常有归田思想，晚年多次辞官而不得。他被任命为刑部尚书时，其弟陈廷统任刑部郎中。按规定，有亲缘关系，不能在同一衙门任职，需要回避。陈廷统二话没说，就辞官回了老家。陈廷敬之弟陈廷宸任广东罗定州知州，其弟陈廷弼到广东任参议，辖罗定州。陈廷宸是下级，按规定也要回避，陈廷宸也立刻辞官归乡。

陈氏族人清廉为官的风范，影响着一代一代的后来人。陈氏子弟视官位如敝履，视利禄如粪土，所以入仕从政者多，而绝无贪腐之官，这正是得益于其清正廉洁的家风。

陈氏家族的优良家风，今天仍然值得我们学习和借鉴，也将为我们的个人修养和文明建设带来有益的启示。

附 **皇城陈氏家训译注**
FU HUANGCHENGCHENSHI JIAXUNYIZHU

家训之一　教子诗　陈秀

【原文】

才忆儿时便起愁，愁儿不把放心收。

肯离家舍来官舍，料出歌楼入酒楼。

未得彩衣承膝下，且将绿蚁展眉头。

天涯谁念虚甘旨，顾我于今鬓已秋。

【注释】

放心：放纵之心。

彩衣：《列女传》说，春秋时老莱子孝养二亲，行年七十，常着五色斑斓衣，作婴儿嬉戏状，为亲取欢。后因以"彩衣"指孝养父母。

膝下：指在父母的身边奉养。

绿蚁：酒面上浮起的绿色泡沫，亦借指酒。

甘旨：指对双亲的奉养。

【译文】

才想起儿子来我就发忧愁，

忧愁儿子不把放纵之心收。

你是否肯离开家来到官衙，

料想你出了歌楼又进酒楼。

未曾得到儿子在身边尽孝，

只好借饮酒暂时舒展眉头。

远在天涯谁想到奉养老父，

看我如今已经是两鬓如秋。

家训之二　教子诗　陈秀

【原文】

百岁光阴易掷梭，痴儿莫得等闲过。

起家绍业由勤俭，处事交人贵缓和。

酒饮三杯须用止，书攻万卷未为多。

我今欲著灯窗力，鬓点秋霜奈老何？

【注释】

掷梭：织布时投掷梭子，比喻时光迅疾。

绍业：继承先人的事业。

灯窗：窗前灯下，指苦学之所。

附

皇城陈氏家训译注

秋霜：秋日的霜，比喻白发。

【译文】

人生百年光阴消逝如同抛梭，

痴心儿子莫把时光随便度过。

继承祖宗基业要靠勤劳节俭，

为人处事交友贵在厚道缓和。

酒饮三杯即止免得贪杯误事，

诗书努力攻读万卷不能算多。

如今我想灯前窗下用心努力，

两鬓添霜年老衰迈无可奈何。

家训之三　教子诗　陈秀

【原文】

我去从王事，空庭儿独留。

诗书勤讲读，财利少贪求。

浊酒休酣饮，闲街莫浪游。

肯能依此语，可免汝爷忧。

【注释】

王事：王命差遣的公事。

空庭：空寂的庭院。

浊酒：用糯米酿制的酒，较混浊。这里泛指酒。

酣饮：畅饮，痛饮。

浪游：漫游，四方游荡。

汝：你。

爷：父亲。

【译文】

我在外做官操劳公事，儿子在家中独自居留。

诗书要用心勤奋讲读，财利却不可一意贪求。

遇美酒莫要开怀痛饮，到大街不要四处闲游。

你如能虚心听从此话，可让你老父免去忧愁。

家训之四　教子词　陈秀

【原文】

爷今系宦途，儿独营家计。

清勤爷自守，孝友在儿为。

爷事儿知：

浊富非吾志，宁怀一念私!

享浊富徇利亡身，怀私心违天害理。

【注释】

宦途：做官的道路，官场。

浊富：不义而富，与"清贫"相对。

徇利：不惜身以求利。徇，通"殉"。

违天害理：做事残忍，违背天道伦理。

【译文】

老父身在宦途官场，儿子独自经营家计。

清廉勤政我自遵守，孝顺友爱却要儿为。

我的事情你应该知道：

贪图钱财非我志向，岂能存有一念之私！

享受不义之财，只会因为利益丧失性命；

心存私欲杂念，只能违背天意伤害天理。

家训之五　教子词　陈秀

【原文】

修职业要如清献，

不贪财欲比元之。

爷传命，儿须记：

友于劣弟，孝事慈闱；

少衔曲蘖，多读书诗。

好好将舍宇修葺，谨谨把门户支持。

交几个胜己友相近相亲，

觅几文本分钱休悭休侈，

说几句谠直言无诡无随，

亲戚邻里人情来往休教废。

学谦和，拘廉耻，心正身修家更齐，

便是佳儿。

清献：指北宋名臣赵抃（1008—1084），字阅道，号知非，衢州西安（今浙江省衢州市）人。景祐元年（1034）进士，除武安军节度推官。历殿中侍御史、天章阁待制、河北都转运使、右谏议大夫、参知政事。卒赠太子少师，谥"清献"。赵抃在朝弹劾不避权势，时称"铁面御史"。平时以一琴一鹤自随，为政简易，长厚清修。著有《赵清献公集》。

元之：指北宋诗人、散文家王禹偁（954—1001），字元之。济州巨野（今山东省巨野县）人。太平兴国八年（983）进士，历任右拾遗、左司谏、知制诰、翰林学士。敢于直言讽谏，因此屡受贬谪。宋真宗时，复知制诰。后贬至黄州，又迁蕲州病死。任知制诰时，禹偁奉旨起草《李继迁制》，李继迁送马五十匹为贿赂，禹偁坚拒不受，传为佳话。

友于：《尚书·君陈》有"惟孝，友于兄弟"之句。后即以"友于"为兄弟友爱之义。

慈闱：旧时母亲的代称。

曲糵（niè）：指酒。糵，酿酒用的发酵剂。

修葺：修理建筑物。

谠（dǎng）直：正直。谠，正直，敢于直言。

【译文】

做事业要像铁面御史赵清献，

不贪财要像翰林学士王元之。

老父我传训诫，儿子你要牢记：

对兄弟要友爱，对老母要孝敬；

莫要贪杯饮酒，须多讲读诗书。

房屋宇舍要勤加检修，家中事务要谨慎支持。

要交品德高尚的朋友，多和他们相亲相近；

要挣本分干净的钱财，不要吝啬也不奢侈；

要说正直公道的言语，不说假话也不逢迎；

和亲戚邻里的友好往来不能荒废。

要学习谦和的态度，要遵循廉耻的准则。

诚意正心，修身齐家，就是一个好儿子。

家训之六 教子词 陈秀

【原文】

我于今血气衰，儿得先思义。

年纪老，谋生懒用机。

纵有金书，不把吾儿遗。

你想为人时，谨依；

要成家时，努力!

若你指望爷钱，儿也，误了你!

【注释】

血气：指元气，精力。

用机：指使用机巧功利之心。

【译文】

我现在已经精力衰迈，儿子你做事先思道义。

年纪老了，谋求生计懒于用心机。

即使有财富，我也不能留给儿子你。

你要想做人，谨慎遵守道德规范；

你要想成家，依靠自己不断努力。

如果你指望老父的钱，儿呀，可要误了你！

家训之七　斗筑居铭　陈昌言

【原文】

斗筑拮据，二十余年。

创之不易，守须万全。

修齐敦睦，追本溯源。

和气致祥，家室绵延。

世守而勿替，惟我子孙之贤。

【注释】

斗筑：斗筑居，指陈昌言于明崇祯年间修建的城堡。

拮据：劳苦操作，辛劳操持。

修齐：谓修身齐家。

勿替：不改变，不废弃。

【译文】

自从斗筑居城创修以来，辛劳操持已经二十余年。

先辈创基立业实属不易，后人看守维护需求万全。

修身齐家更应亲厚和睦，不忘祖宗时常追本溯源。

和平之气可致百福千祥，家庭家业自然昌盛绵延。

世世代代坚守永不衰落，希望我的子孙个个英贤。

家训之八　论读书　陈昌期

【原文】

学者攻应举文字，恒视读书立品为二事。吾所以教汝曹者，读书立品不得分为二事。

读书以立品为先，次及举业。

吾所以教汝曹者，以读圣贤书，当实存诸心而见之行事。

凡读书，令往复涵泳其中，身体力行，以变化气质为先。

【注释】

学者：读书求学的人。

应举：参加科举考试。

立品：培养品德。

汝曹：你们。

涵泳：深入领会。

气质：人的生理、心理素质，相当稳定的个性特点。

【译文】

求学的人攻读应对科举考试的学问，常常把读书学习和品德修养看作是两件事。所以我常常教导你们，不可把读书学习和品德修养分为两件事。

读圣贤的书，应当以培养品德为先，然后才为科举考试准备学业。

我用来教导你们的是，读圣贤的书，应当把圣贤的思想牢记在心里，并且要体现在自己的行动上。

凡是读书，都要反复深入地去领会，亲身体验，努力实行，把改变自己的性情素质放在首位。

家训之九　示壮履　陈廷敬

【原文】

盛年已过莫迟疑，先圣当年卓立时。

学不求名吾自喜，文能见道汝应知。

世传杜老诗为事，人识苏家易有师。

更得一言牢记取，养心寡欲是良规。

【注释】

壮履：陈廷敬的第三子陈壮履。

盛年：男子自二十一至二十九岁为盛年。

先圣：指孔子。

文能见道：用文章来体现儒家思想。

杜老：指唐代诗人杜甫。

苏家：指宋代苏洵、苏轼、苏辙父子。

易有师：学习《易经》的老师。苏轼著有《东坡易传》九卷，实则为父子三人共同的作品。

【译文】

儿子你盛年已过不可再迟疑，

三十岁是先圣孔子卓立之时。

勤奋好学不求虚名我自欣喜，

写作诗文必以见道汝应深知。

历代传扬诗圣杜老吟诗为事，

世人皆知东坡苏子学易有师。

更有一句名言你要时刻牢记，

为人处世养心寡欲乃是良规。

家训之十　诫子孙　陈廷敬

【原文】

岂因宝玉厌饥寒，愁病如予那自宽？

憔悴不堪清镜照，龙钟留与万人看。

囊如脱叶风前尽，枕伴栖乌夜未安。

凭寄吾宗诸子姓，清贫耐得始求官。

【注释】

憔悴：忧戚，烦恼。

龙钟：衰老貌，年迈。

脱叶：落叶。

栖乌：晚宿的归鸦。

吾宗：我们的宗族。

子姓：泛指子孙、后辈。

【译文】

岂能因为贪图金玉厌恶饥寒，
使我忧愁多病如何放心自宽。
连日烦恼形容憔悴不忍照镜，
龙钟老态却敢留给万人观看！
钱袋空如落叶真可随风飘去，
枕边伴随乌鸦整夜鸣叫不安。
因此寄语宗族中的子孙后辈，
只有耐得清贫才有资格求官。